Lorraine Farrelly

técnicas de representação

s. maneira de executar determinada tarefa, especialmente a execução de uma obra de arte ou um procedimento científico

s. técnicas relativas à representação ou caracterizadas pela representação

Tradução técnica
Alexandre Salvaterra
Arquiteto e Urbanista pela Universidade Federal do Rio Grande do Sul
CREA nº 97.874

2011

Obra originalmente publicada sob o título
Representational Techniques

ISBN 978-2-940373-62-8

Copyright © AVA Publishing SA 2008

Design de Jane Harper

Capa: *Rogério Grilho*, arte sobre capa original

Leitura final: *Monica Stefani*

Editora Sênior: *Denise Weber Nowaczyk*

Editoração eletrônica: *Techbooks*

F245t   Farrelly, Lorraine.
         Técnicas de representação / Lorraine Farrelly ;
        tradução técnica: Alexandre Salvaterra. – Porto
        Alegre : Bookman, 2011.
         176 p. : il. color. ; 23 cm.

        ISBN 978-85-7780-806-9

        1. Arquitetura – Representação gráfica. I. Título.

                                                        CDU 72

Catalogação na publicação: Ana Paula M. Magnus – CRB 10/2052

Reservados todos os direitos de publicação, em língua portuguesa, à
BOOKMAN EDITORA LTDA., uma empresa do GRUPO A EDUCAÇÃO S.A.
Av. Jerônimo de Ornelas, 670 – Santana
90040-340 Porto Alegre RS
Fone: (51) 3027-7000 Fax: (51) 3027-7070

Unidade São Paulo
Rua Doutor Cesário Mota Jr., 63 – Vila Buarque
01221-020 São Paulo SP
Fone: (11) 3221-9033

SAC 0800 703-3244 – www.grupoa.com.br

É proibida a duplicação ou reprodução deste volume, no todo ou em parte, sob quaisquer formas ou por quaisquer meios (eletrônico, mecânico, gravação, fotocópia, distribuição na Web e outros), sem permissão expressa da Editora.

IMPRESSO NO BRASIL
PRINTED IN BRAZIL

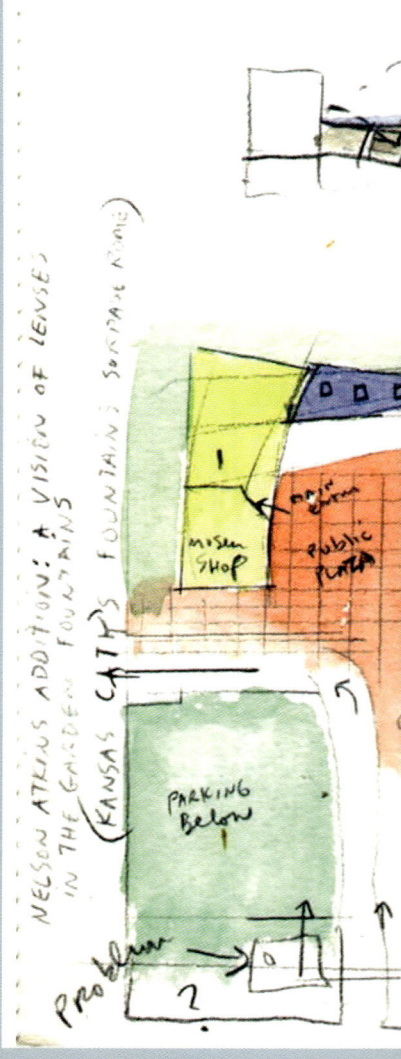

Projeto: Museu de Arte Nelson-Atkins
Localização: Kansas City,
Estados Unidos
Arquiteto: Steven Holl Architects
Data: 2007

Esta imagem reúne todos os aspectos de uma proposta de arquitetura. Ela comunica tanto o conceito de iluminação utilizado nas galerias internas do museu como a percepção da edificação no contexto da paisagem que a circunda.

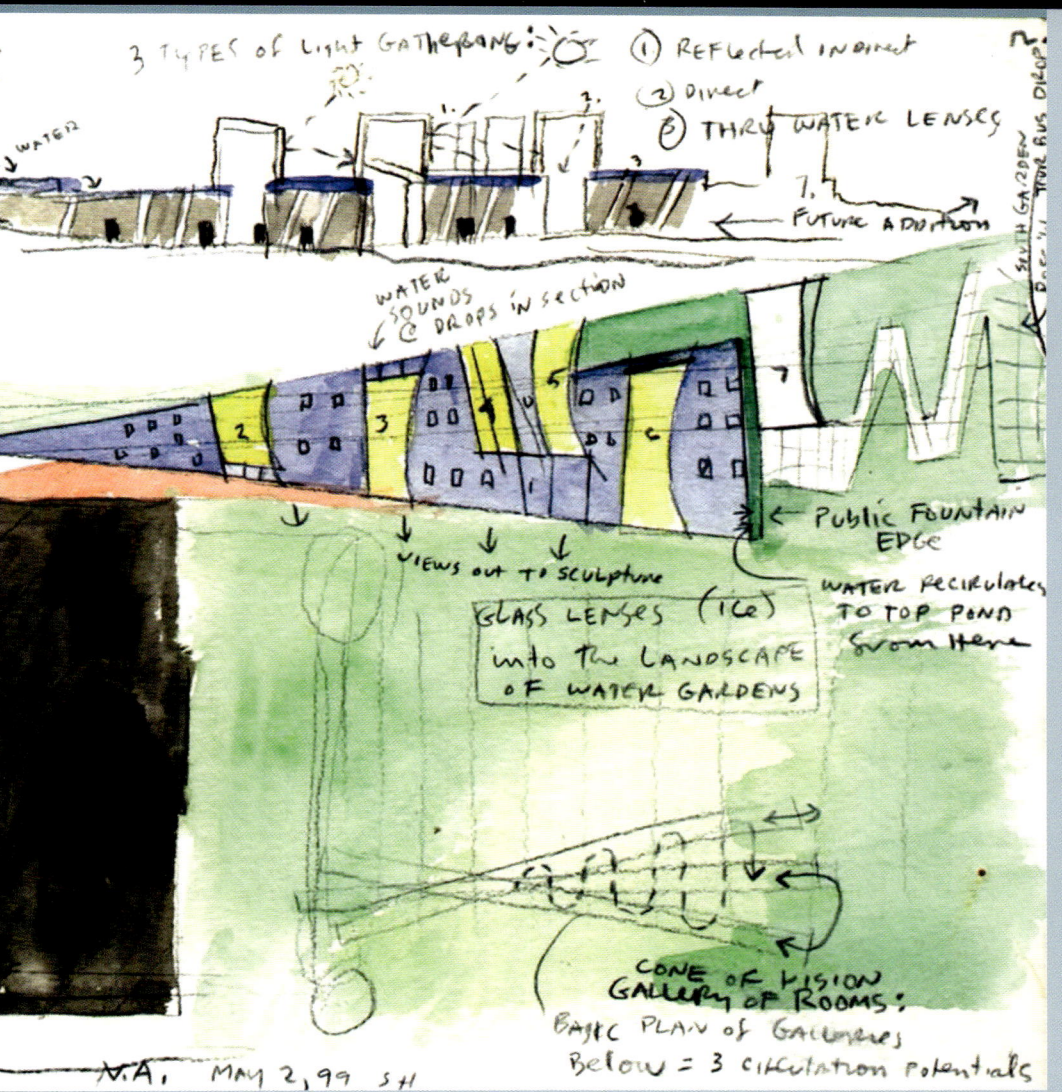

Sumário

6 Introdução
8 Como aproveitar este livro ao máximo

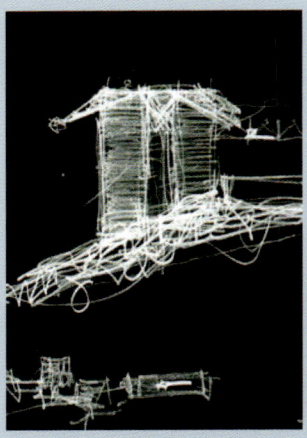

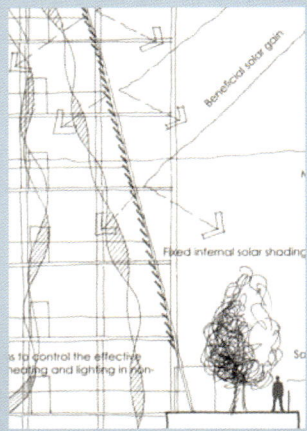

10 Croquis

12 Ferramentas e materiais
14 Croquis de conceito
18 Croquis de análise
22 Croquis de observação
24 Cadernos de croquis
28 Técnicas de estudo
32 Exercício 1: croqui

34 Escala

36 Medidas
40 Escala real
44 Escala dos detalhes
50 Escala dos interiores
54 Escalas da edificação
58 Escala urbana
62 Desenhos sem escala
66 Exercício 2: escala

68 Projeções ortogonais

70 Plantas
78 Cortes
82 Elevações
86 Convenções de desenho
88 Categorias de desenho
92 Exercício 3: desenho

Técnicas de representação

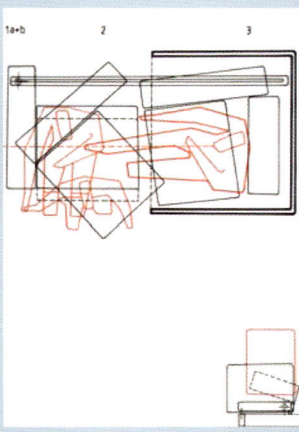

94 Imagens tridimensionais

96 Perspectivas cônicas

100 Perspectivas axonométricas

104 Perspectivas isométricas

106 Outras aplicações

112 Fotomontagens e colagens

114 Exercício 4: perspectiva cônica

116 Maquetes

118 Maquetes

122 Instrumentos para maquetes

128 Escalas das maquetes

132 Maquetes eletrônicas

134 Programas de CAD

140 Vistas aéreas em série

142 Exercício 5: maquete

144 Leiaute e apresentação

146 Leiaute de apresentações

154 Apresentações gráficas

160 Apresentações orais

162 *Storyboards*

164 Portfólios

168 Exercício 6: leiaute e apresentação de um portfólio

170 Conclusão

172 Glossário

174 Outros recursos

176 Agradecimentos

Introdução

A representação é um aspecto importante de qualquer disciplina visual relacionada com o projeto, e as técnicas de representação das ideias de arquitetura são interessantes e ao mesmo tempo desafiadoras. As ideias de arquitetura são a origem das edificações; elas levam a um conceito de projeto, que se traduz em um esboço. Este esboço, também chamado de croqui, se transforma então em uma maquete preliminar e em um conjunto de desenhos em escala que serão explorados e investigados em detalhes.

Representar cada uma destas etapas do desenvolvimento de um projeto de arquitetura exige diversas habilidades práticas. Às vezes as melhores técnicas envolvem a elaboração de desenhos informais ou intuitivos feitos à mão livre e maquetes – em ambos os casos são fundamentais o foco no conceito e a abstração. Em outras ocasiões, são necessários os detalhes muito precisos dos desenhos em CAD a fim de explicar como um prédio se articula. O desafio da representação em arquitetura é gerar o tipo de imagem adequado a cada etapa do processo de projeto.

Os desenhos de arquitetura têm sua linguagem própria, e cada situação requer o dialeto certo. A linguagem da representação gráfica é variada, mas seu vocabulário é básico. As ideias são expressas por meio de linhas, e todas as linhas ou os traços de uma página devem ser feitos com cuidado e atenção. O que torna a representação em arquitetura atraente é o uso da linguagem do desenho e de como esta pode ser aperfeiçoada e desenvolvida para comunicar a ideia de arquitetura proposta e transformá-la em uma experiência real e única.

Assim como ocorre com todas as técnicas de desenho, é importante exercitar e desenvolver nossas habilidades práticas pessoais e adaptar os métodos de representação às diferentes situações. Em cada um dos seis capítulos desta obra, você terá a oportunidade de testar e aplicar as ideias apresentadas. É importante que você tenha à mão um lápis e um caderno de croquis (de preferência com folhas grossas e sem linhas, do tamanho A4 ou maior). Jamais apague qualquer desenho ou traço feito em seu caderno de croquis. Em desenho, não existem erros – tudo será um registro visual de suas ideias. Alguns desenhos serão melhores do que outros, mas todos contribuirão para que se consiga algo maior e melhor. Na pior das hipóteses, você poderá voltar às primeiras páginas do seu bloco e comprovar todo o progresso feito.

Croquis
Este capítulo apresenta ideias de como realizar croquis e desenhar em todas as etapas do processo de projeto.

Escalas
Este capítulo mostra a variedade de escalas de desenho adequadas para cada uma das diversas etapas do desenvolvimento de um projeto de arquitetura. É fundamental que você entenda como aplicar estas escalas em diferentes situações.

Projeções ortográficas
O capítulo examina os desenhos em escala que descrevem a edificação de maneira bidimensional: plantas, cortes e elevações. Estes desenhos bidimensionais revelam as intenções tridimensionais da edificação.

Imagens tridimensionais
Estas são as imagens mais fáceis de serem visualizadas e oferecem as vistas perspectivas dos espaços, dando uma impressão mais realista do prédio dentro de seu terreno ou contexto físico. As imagens tridimensionais também são úteis para representar detalhes de construção e montagem.

Maquetes
As maquetes permitem a avaliação espacial de conceitos, espaços e formas em cada uma das etapas do desenvolvimento de um projeto. As maquetes podem ser construídas por meio de técnicas convencionais ou com programas de CAD (maquetes eletrônicas).

O leiaute e a apresentação
A comunicação da ideia do projeto é essencial. Uma importante consideração de qualquer projeto é a maneira como a ideia proposta será organizada e apresentada.

Como aproveitar este livro ao máximo

Este livro apresenta diferentes aspectos das técnicas de representação em arquitetura em capítulos dedicados a cada tema. Cada capítulo traz diversos exemplos do uso criativo das várias técnicas em cada etapa do desenvolvimento de um projeto de arquitetura. Os exemplos vêm de arquitetos contemporâneos e, junto com a leitura cuidadosa do texto, compõem uma obra que permite uma compreensão única da prática profissional do arquiteto.

Aberturas de capítulo
Introduzem e dão uma ideia geral do tema principal de cada capítulo.

Figuras
Os exemplos fornecidos por arquitetos e projetistas contemporâneos ilustram os princípios discutidos.

Legendas
Oferecem informações contextualizadas sobre cada projeto apresentado e ressaltam a aplicação prática dos princípios mais importantes.

8 | 9

Títulos de capítulo
Cada capítulo tem um título claro, a fim de que os leitores localizem rapidamente um assunto de interesse.

Quadros informativos
Oferecem informações complementares e contextualizadas sobre o texto principal.

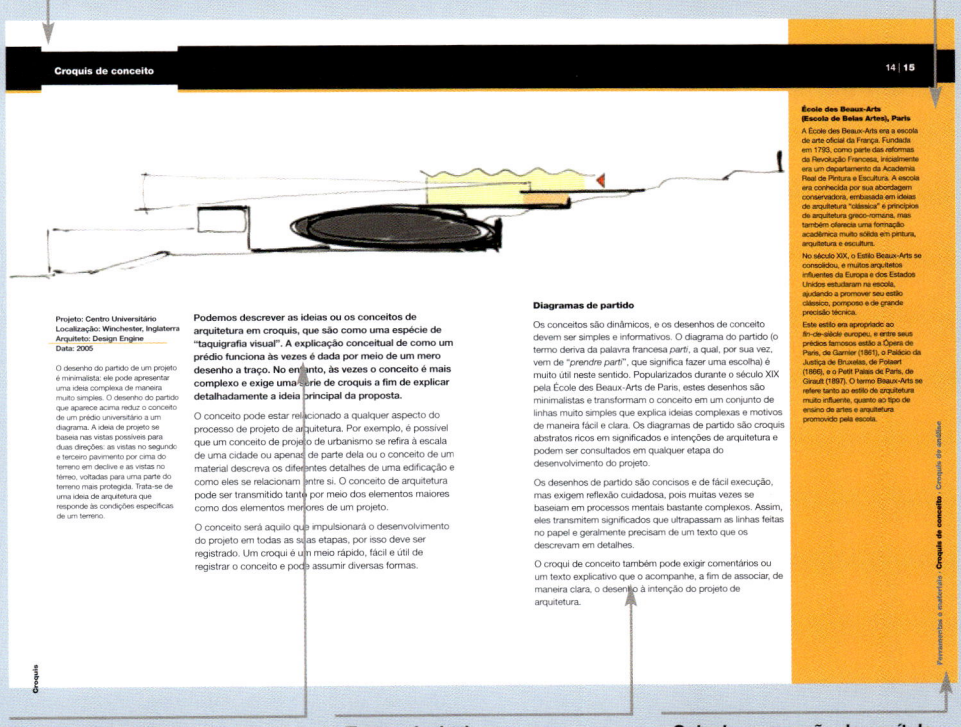

Introduções
Cada unidade tem uma introdução em negrito, que resume os conceitos a serem discutidos.

Texto principal
A discussão aprofundada dos métodos de trabalho e das melhores práticas está no texto principal do livro.

Guia de navegação do capítulo
Destaca a unidade do capítulo sendo apresentada e também mostra a unidade anterior e a posterior.

Como aproveitar este livro ao máximo

Técnicas de representação

Um croqui é, por definição, um desenho rápido, vago e inacabado – é justamente a rapidez de execução que faz deste tipo de desenho uma ferramenta poderosa para a descrição de uma ideia. Os croquis têm várias finalidades: registrar imagens, observar condições e situações existentes ou desconstruir uma ideia ou um conceito de maneira analítica.

Os croquis são classificados em croquis de conceito, análise e observação.

Projeto: Observatório Kielder
Localização: Northumberland, Inglaterra
Arquiteto: Hyde + Hyde
Data: 2005

O conceito que embasa esta proposta é uma homenagem ao cosmos. Este croqui a lápis dá a ideia de uma edificação que lembra o corpo de um telescópio e que se abre para o céu como uma série de pétalas de aço.

A inspiração foi uma flor com pétalas pouco abertas e voltadas para o sol. O croqui de conceito ilustra como o prédio reage à natureza de maneira similar: ele é como uma máquina que se adapta e se transforma para permitir a observação do céu noturno.

Croquis de conceito revelam a essência de uma ideia complexa. Seu desafio é comunicar de modo claro e conciso a intenção de projeto. Um croqui de conceito pode ser feito no início do projeto, mas deve permanecer relevante até o fim de seu desenvolvimento.

Croquis de análise são empregados na análise de uma edificação, de um espaço ou de um componente. Este tipo de croqui pode ser criado em qualquer fase do projeto. Nas etapas iniciais de um projeto, os croquis de análise transmitem uma intenção de projeto; nas etapas posteriores, talvez expliquem as ideias associadas a percursos internos de uma edificação ou a aspectos da construção.

Croquis de observação são feitos para descrever aspectos das edificações, explorar o uso de materiais ou estudar em detalhes os espaços.

Existem muitas técnicas de desenho de croquis que podem ser exploradas e aprimoradas até que estejam bem-definidos o estilo individual e as preferências de cada pessoa. As variações de estilo deverão estar de acordo com a técnica utilizada (lápis, caneta, carvão, etc.), o uso e a aplicação de cores, tons e texturas, o emprego da colagem e dos diferentes materiais, o peso ou a suavidade da linha) e o tamanho e a escala da imagem. Acima de tudo, uma técnica pessoal de elaboração de croquis se desenvolve por meio da prática e da experimentação.

Ferramentas e materiais

Projeto: Capela Holy Wash
Localização: Swansea, País de Gales
Arquiteto: Hyde + Hyde
Data: 2002

Este croqui a carvão mostra a relação entre a capela e a paisagem, além de transmitir a sensação de local sagrado oferecida pelo prédio. O uso do carvão confere muita expressividade ao desenho e permite que a entrada da luz no espaço interno seja perfeitamente entendida.

A elaboração de croquis exige uma variedade de ferramentas: a primeira e mais básica é o caderno de croquis. Ao selecionar um bloco, leve em consideração sua comodidade, seu tamanho e o objetivo dos desenhos que serão feitos nele. Também é importante que você adquira um bloco com papel da melhor qualidade que puder, pois os papéis de qualidade superior são mais flexíveis e aceitam bem qualquer instrumento – lápis, caneta ou mesmo aquarela.

Um caderno de croquis no tamanho A4 (210 x 297 mm) é um bom ponto de partida, pois suas páginas são suficientemente grandes para que você experimente as diferentes técnicas de esboço e elas também permitem desenhos maiores. Uma alternativa é o bloco A5 (148 x 297 mm), que é muito útil para viagens, pois cabe com facilidade em um bolso e é muito fácil de carregar. Já o bloco A3 (297 x 420 mm) é excelente para croquis em tamanho real e croquis de observação em escala grande (como elevações).

Hierarquia de linhas

Quando você estiver fazendo um croqui, será muito útil ter à mão uma variedade de canetas, lápis e instrumentos de colorir, pois a espessura das linhas de um croqui é extremamente importante. Existe uma hierarquia associada às linhas e o valor destas varia em um desenho. As linhas finas podem ser empregadas para a representação de sombras e detalhes; as grossas sugerem forma e substância.

Os diferentes instrumentos de desenho afetarão a hierarquia de linhas. As canetas de ponta porosa, disponíveis em várias espessuras de ponta, são úteis para a representação de detalhes. Os lápis também podem gerar pesos de linha distintos – há lápis de mina macia (B) e de mina dura (H). O uso de tipos de lápis diferentes permitirá o desenvolvimento de croquis de diversos estilos. As lapiseiras 0,5mm, que podem ser utilizadas com minas de dureza variável, são outras ferramentas de desenho muito versáteis.

Uma habilidade importante a ser desenvolvida é a elaboração de croquis com o uso de esferográficas pretas ou canetas nanquim, pois o contraste que elas criam com o papel e a permanência das linhas produzem imagens "definitivas".

Um instrumento que você pode dispensar é a borracha. Quando fazemos croquis, a prática é tudo o que importa e até mesmo os erros são benéficos, então, não faz sentido apagá-los com uma borracha! Lembre-se: um caderno de croquis é uma coletânea de desenhos e reflete o desenvolvimento das técnicas e ideias.

Instrumentos para o desenho de arquitetura

Para que o desenho de croquis se transforme em um prazer e você consiga obter uma variedade de resultados, é importante contar com diversos tipos de equipamentos para suas experiências. Desenhos simples podem ser feitos com uma folha de papel avulso e um lápis. Depois, se considerarmos os tipos de papel e de lápis disponíveis, as variações possíveis são infinitas. Experimente utilizar um instrumento ou meio diferente em cada novo desenho. A seguir, apresentamos uma lista de materiais que podem ajudá-lo a variar e aprimorar suas técnicas de desenho.

Lapiseiras (0,3 ou 0,5mm)
Canetas de ponta porosa (0,2, 0,5, 0,8mm)
Esquadros de 45 graus
Esquadros de 60 graus
Gabarito de círculos
Escalímetro de 30cm
Rolo de papel manteiga branco
Rolo de papel sulfite
Bloco A3 de papel para desenho (60g/m^2)
Bloco A3 de papel vegetal (50 mícron)
Prancheta de desenho
Caderno de croquis
Trena
Jogo de curvas francesas

Croquis de conceito

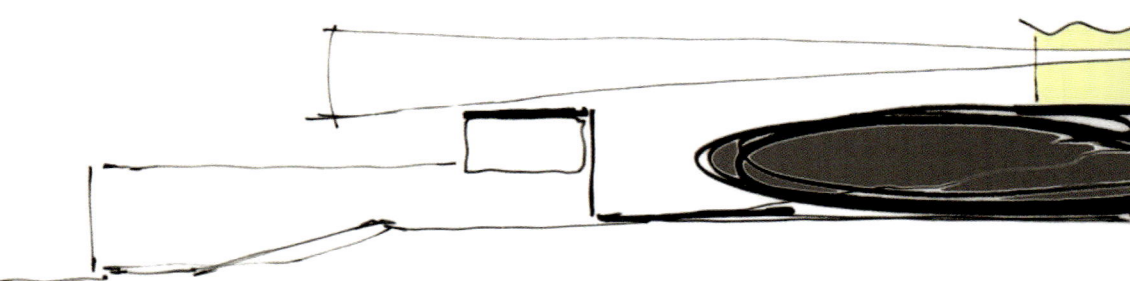

Projeto: Centro Universitário
Localização: Winchester, Inglaterra
Arquiteto: Design Engine
Data: 2005

O desenho do partido de um projeto é minimalista: ele pode apresentar uma ideia complexa de maneira muito simples. O desenho do partido que aparece acima reduz o conceito de um prédio universitário a um diagrama. A ideia de projeto se baseia nas vistas possíveis para duas direções: as vistas no segundo e terceiro pavimento por cima do terreno em declive e as vistas no térreo, voltadas para uma parte do terreno mais protegida. Trata-se de uma ideia de arquitetura que responde às condições específicas de um terreno.

Podemos descrever as ideias ou os conceitos de arquitetura em croquis, que são como uma espécie de "taquigrafia visual". A explicação conceitual de como um prédio funciona às vezes é dada por meio de um mero desenho a traço. No entanto, às vezes o conceito é mais complexo e exige uma série de croquis a fim de explicar detalhadamente a ideia principal da proposta.

O conceito pode estar relacionado a qualquer aspecto do processo de projeto de arquitetura. Por exemplo, é possível que um conceito de projeto de urbanismo se refira à escala de uma cidade ou apenas de parte dela ou o conceito de um material descreva os diferentes detalhes de uma edificação e como eles se relacionam entre si. O conceito de arquitetura pode ser transmitido tanto por meio dos elementos maiores como dos elementos menores de um projeto.

O conceito será aquilo que impulsionará o desenvolvimento do projeto em todas as suas etapas, por isso deve ser registrado. Um croqui é um meio rápido, fácil e útil de registrar o conceito e pode assumir diversas formas.

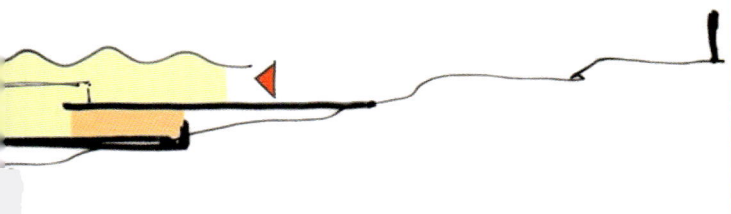

Diagramas de partido

Os conceitos são dinâmicos, e os desenhos de conceito devem ser simples e informativos. O diagrama do partido (o termo deriva da palavra francesa *parti*, a qual, por sua vez, vem de "*prendre parti*", que significa fazer uma escolha) é muito útil neste sentido. Popularizados durante o século XIX pela École des Beaux-Arts de Paris, estes desenhos são minimalistas e transformam o conceito em um conjunto de linhas muito simples que explica ideias complexas e motivos de maneira fácil e clara. Os diagramas de partido são croquis abstratos ricos em significados e intenções de arquitetura e podem ser consultados em qualquer etapa do desenvolvimento do projeto.

Os desenhos de partido são concisos e de fácil execução, mas exigem reflexão cuidadosa, pois muitas vezes se baseiam em processos mentais bastante complexos. Assim, eles transmitem significados que ultrapassam as linhas feitas no papel e geralmente precisam de um texto que os descrevam em detalhes.

O croqui de conceito também pode exigir comentários ou um texto explicativo que o acompanhe, a fim de associar, de maneira clara, o desenho à intenção do projeto de arquitetura.

École des Beaux-Arts (Escola de Belas Artes), Paris

A École des Beaux-Arts era a escola de arte oficial da França. Fundada em 1793, como parte das reformas da Revolução Francesa, inicialmente era um departamento da Academia Real de Pintura e Escultura. A escola era conhecida por sua abordagem conservadora, embasada em ideias de arquitetura "clássica" e princípios de arquitetura greco-romana, mas também oferecia uma formação acadêmica muito sólida em pintura, arquitetura e escultura.

No século XIX, o Estilo Beaux-Arts se consolidou, e muitos arquitetos influentes da Europa e dos Estados Unidos estudaram na escola, ajudando a promover seu estilo clássico, pomposo e de grande precisão técnica.

Este estilo era apropriado ao *fin-de-siècle* europeu, e entre seus prédios famosos estão a Ópera de Paris, de Garnier (1861), o Palácio da Justiça de Bruxelas, de Polaert (1866), e o Petit Palais de Paris, de Girault (1897). O termo Beaux-Arts se refere tanto ao estilo de arquitetura muito influente, quanto ao tipo de ensino de artes e arquitetura promovido pela escola.

Croquis de conceito

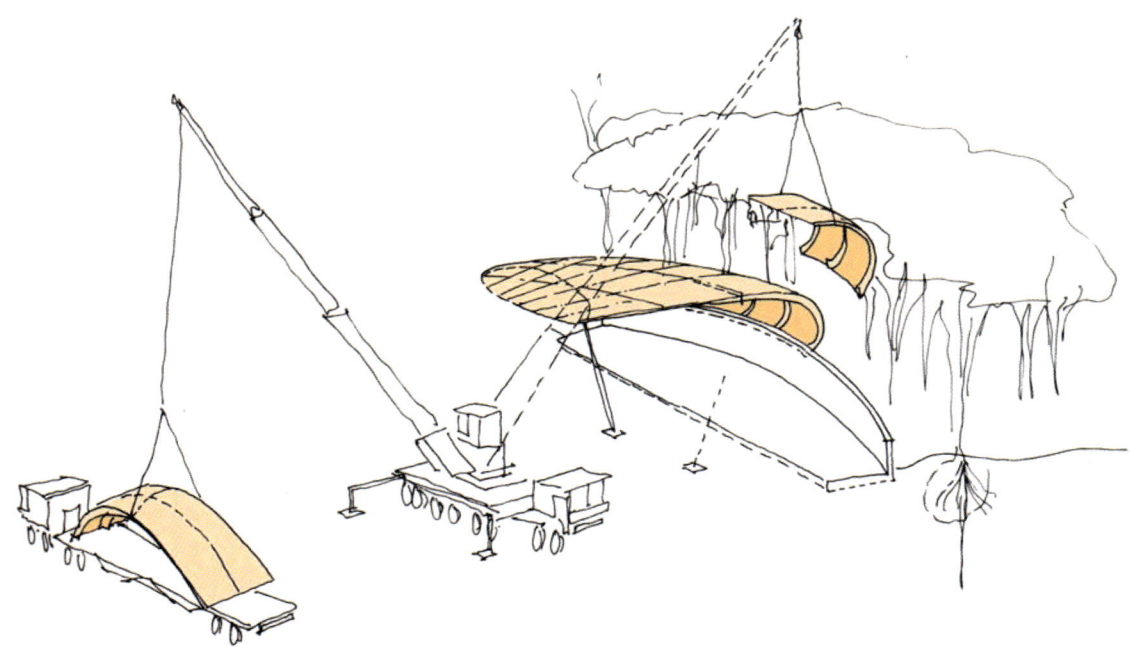

Projeto: Centro de Visitantes, Hardwick Park
Localização: Durham, Inglaterra
Arquiteto: Design Engine
Data: 2006

Estas imagens descrevem o processo de construção a ser empregado em um projeto com o uso de elementos pré-fabricados. A imagem foi feita na forma de um croqui em perspectiva, para explicar a remoção dos elementos pré-fabricados de um caminhão e mostrar em detalhes como eles serão posicionados em um local de difícil acesso. O desenho se explica por si só e prescinde de um texto, pois descreve de maneira singela um processo de montagem e construção.

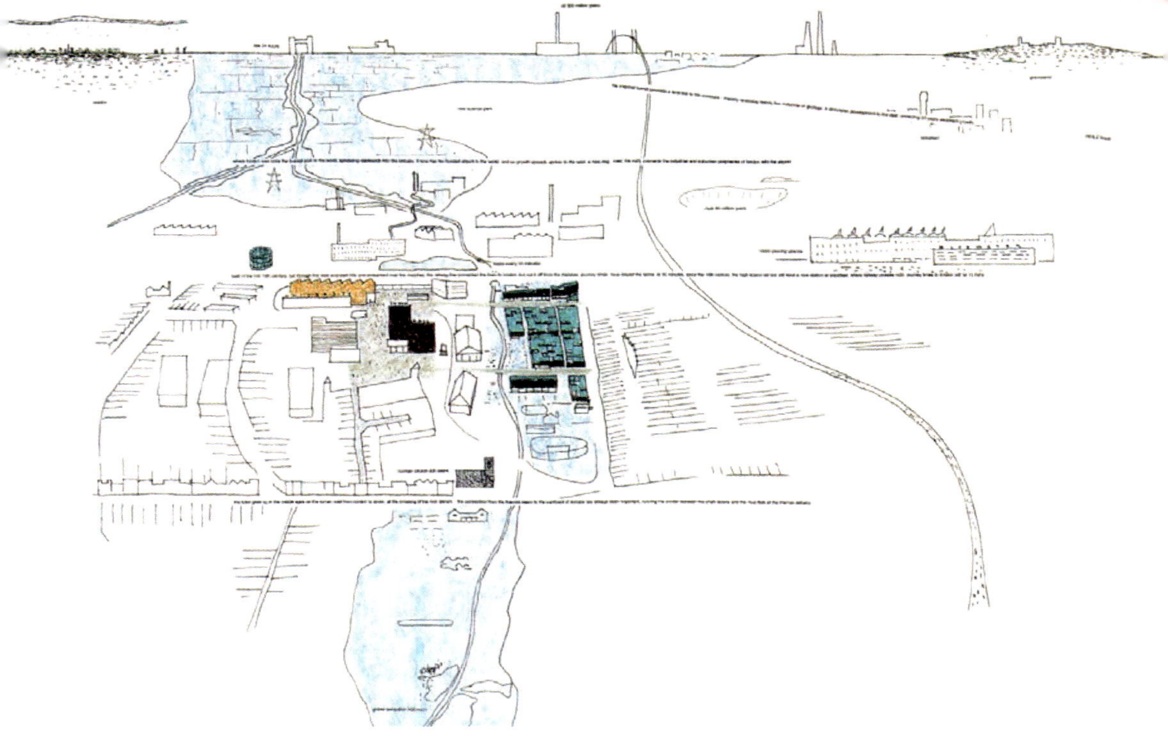

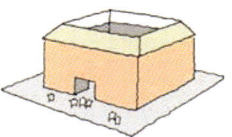

A antiga escola de esgrima
(c. século XVII)

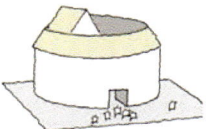

Teatro Globe
(c. século XVII)

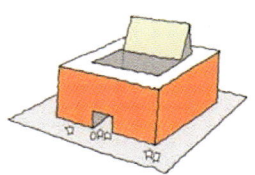

Teatro Gedanense
(releitura feita no séc. XXI)

Projeto: Teatro Gedanense
(à esquerda)
Localização: Gdansk, Polônia
Arquiteto: Design Engine
Data: 2004

Estes croquis foram elaborados sem escala, mas suas formas simples explicam a ideia da cobertura do Teatro Gedanense fazendo referência a outras formas de edificação, como uma escola de esgrima e o projeto de outro teatro. O projeto propõe uma cobertura removível, criando um espaço de uso flexível que pode ser utilizado como teatro ao ar livre ou estádio.

Projeto: Centro da Cidade de Dartford (acima)
Localização: Dartford, Inglaterra
Arquiteto: Witherford Watson Mann
Data: 1998

Este é um croqui em perspectiva aérea de uma proposta para um centro de cidade. No esboço, observa-se que a estrada leste-oeste e a estrada de ferro foram representadas de maneira muito simples e bidimensional, com o rio Tâmisa ao fundo e o rio Darent desembocando nele. Neste desenho, o equilíbrio entre os volumes, os espaços públicos e a paisagem da proposta é dado pelo contexto da metrópole e da paisagem que a circunda.

Croquis de análise

A análise de uma ideia exige uma maneira de pensar que separe, simplifique e esclareça. Um croqui de análise geralmente segue os mesmos princípios de elaboração e, portanto, é uma ferramenta que ajuda na explicação de aspectos complexos de arquitetura.

Os desenhos analíticos são empregados para isolar aspectos específicos de uma ideia de arquitetura e descrevê-los como uma série de partes ou componentes. Assim, por exemplo, um desenho analítico pode ser utilizado de maneira técnica para descrever o sistema estrutural de uma edificação, adotar um enfoque ambiental e descrever o percurso aparente do sol sobre um espaço, ou mesmo descrever o sistema de construção ou montagem de uma edificação. Para projetar sistemas prediais, os arquitetos utilizam croquis de análise para trabalhar suas ideias e desenvolver respostas específicas que darão forma à proposta de projeto geral.

A análise de uma ideia precisa ser lógica e fácil de entender. Os primeiros desenhos de um projeto de arquitetura são os croquis de análise do terreno. Sejam de análise de uma edificação, de um espaço urbano ou de uma paisagem, estes desenhos descrevem uma situação preexistente – eles são como uma série de diagramas críticos. Estes diagramas analíticos separam as ideias que influenciarão e condicionarão o projeto de arquitetura subsequente.

O uso de croquis de análise para o registro de informações do terreno gera um mapa com a forma das edificações existentes, a história e a topografia do terreno, os quais se combinam para dar uma ideia completa da situação. Estes croquis refletirão a situação atual do terreno, bem como a do passado. Os croquis de análise são uma forma eficiente de tomar notas sobre o terreno.

Projeto: Escritório Central da Giffords
Localização: Hampshire, Inglaterra
Arquiteto: Design Engine
Data: 2004

Parte do desafio deste projeto para a sede de uma firma de engenharia era criar um prédio com planta "profunda" e ao mesmo tempo aproveitar ao máximo a iluminação natural. Este croqui analisa como o projeto do prédio lidará com a luz natural e explica como se evita que a luz direta incida sobre os computadores de mesa dos empregados, enquanto permite a entrada da luz indireta por meio de um sistema de claraboias cuidadosamente projetado.

Croquis de análise

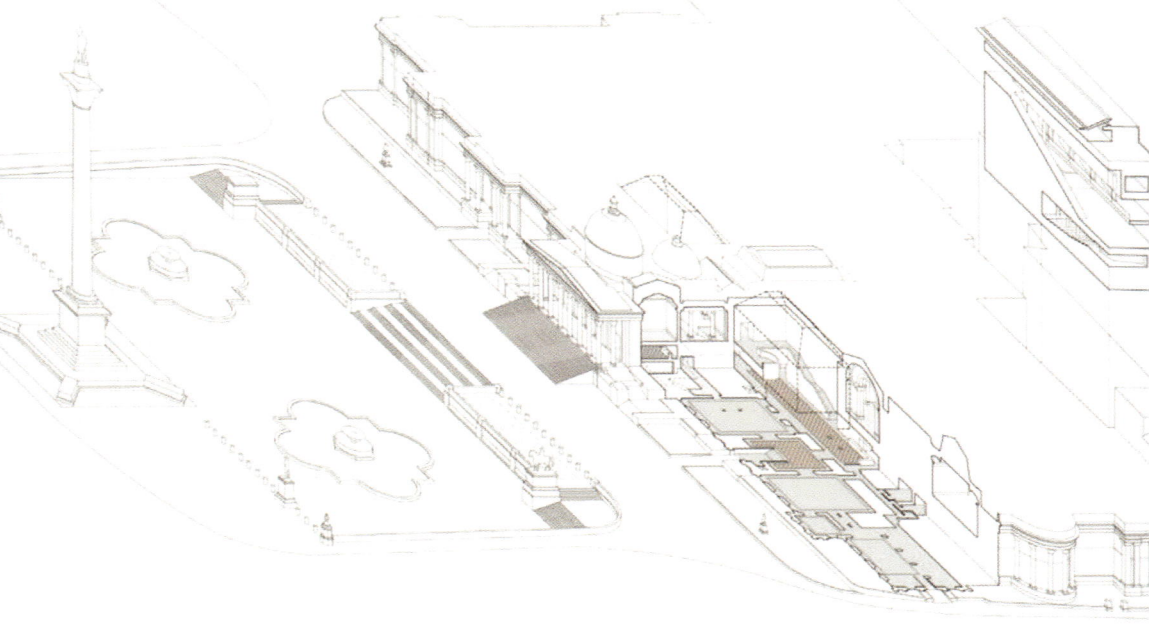

Projeto: The National Portrait Gallery
Localização: Londres, Inglaterra
Arquiteto: Dixon Jones
Data: 1997

Este desenho mostra uma proposta de relação entre a Trafalgar Square, a National Gallery e a National Portrait Gallery, criando uma nova vista dos prédios existentes. O arquiteto queria explorar a possibilidade de oferecer uma vista por cima dos prédios existentes que configuram a Trafalgar Square. A ideia de arquitetura empregou uma escada rolante para conduzir os visitantes do pavimento térreo a um nível no qual a vista sul de Londres era enquadrada por uma nova janela de restaurante.

O desenho resume a reflexão que está por trás da ideia de arquitetura; sua criação exigiu um entendimento conceitual da cidade e de uma série de espaços públicos, assim como do projeto de arquitetura da galeria.

O campo conceitual

Além de ser utilizado no início do processo de projeto e à medida que a proposta para uma edificação é desenvolvida, muitos dos desenhos de arquitetura produzidos são analíticos (até mesmo os desenhos dos detalhes que explicam a montagem de um prédio são uma forma de análise em si).

Os croquis de análise, por exemplo, são utilizados para explicar a interpretação feita do terreno, ideias estruturais ou ambientais ou mesmo as ideias detalhadas de construção e de montagem. As cidades também podem ser descritas por meio de desenhos ou mapas de análise e este processo muitas vezes reduz formas complexas de projeto urbano a simples diagramas e croquis.

Uma série de croquis de análise descreverá o pensamento e a evolução da ideia de projeto, desconstruindo-a em várias etapas de desenvolvimento e compreensão. Estes croquis revelarão o raciocínio do arquiteto ou projetista e (quando comparados com a obra executada) mostrarão o quanto este influenciou no projeto final de arquitetura.

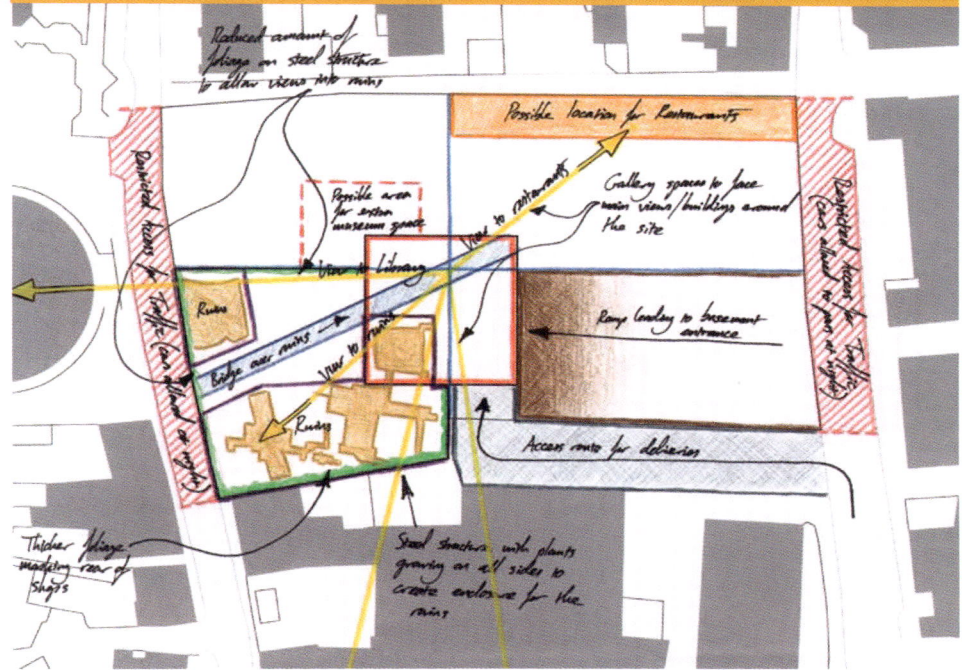

**Projeto: Museu de Chichester
Localização: Chichester, Inglaterra
Projetista: Paul Craven Bartle
Data: 2007**

Este croqui foi criado sobre uma planta de situação, a fim de analisar alguns aspectos das vias de pedestres e automóveis. Ele também mostra os limites do terreno, suas diferentes áreas e as camadas históricas. Para fazer este tipo de análise, é necessário que se conheça a evolução histórica do terreno e a área deve ser estudada ao longo de um período de tempo, quando serão registrados os percursos por dentro, por cima e pelos lados do local. Aqui, um único desenho consegue reunir ambos os tipos de informação e apresentá-los em um mapa de fácil leitura.

Croquis de observação

Projeto: Croqui de observação
Localização: Chichester, Inglaterra
Projetista: Paul Craven Bartle
Data: 2007

Este croqui de observação é uma vista em perspectiva, mas também descreve a escala e a volumetria dos prédios na rua. O uso da aquarela sugere as cores e texturas dos materiais de construção e o contexto urbano. A inserção da silhueta dos pedestres no primeiro plano confere escala ao desenho.

Os desenhos de observação são uma parte importante do desenvolvimento de um projeto. Uma observação detalhada nos permite em primeiro lugar absorver e depois entender o que vemos. A representação gráfica desta observação é uma habilidade desenvolvida com a prática.

A realização de um desenho de observação exige, antes de tudo, um momento inicial de concentração e análise. É importante que você dedique algum tempo para realmente ver. Observe seu tema com atenção; caso seja uma cena urbana ou um prédio, analise-o em termos de sua estrutura básica ou de seu leiaute, pois isso ajudará no "planejamento" do desenho. Antes de começar a riscar, considere como será o posicionamento do desenho na folha e que técnicas você utilizará para representar ou colorir a imagem. A composição da imagem observada na página é um aspecto crucial.

Projeto: Croqui de viagem
Localização: Veneza, Itália
Projetista: Jeremy Davies
Data: 2006

Além de representar com muitos detalhes o espaço e os prédios que configuram a Praça de São Marcos (na cidade italiana de Veneza), este croqui de observação registra as atividades e o uso do local: vemos o famoso carnaval anual da cidade, quando os moradores desfilam com máscaras coloridas e fantasias exuberantes. O detalhamento das pessoas e de suas vestimentas ajuda a caracterizar o local tanto quanto as edificações, que formam um pano de fundo.

O enquadramento do croqui

Para fazer um bom croqui de observação, visualize toda a cena e "enquadre" seu tema de tal maneira que ele se torne uma imagem separada do contexto. É fundamental que você decida o que é importante para o seu croqui, determinando, por exemplo, quais elementos da vista irão compor seu desenho.

Use linhas de referência para delimitar sua zona de trabalho. Essas linhas podem formar traços horizontais, verticais ou diagonais sobre a folha de papel. Quadrados, círculos ou outras figuras geométricas também podem ser utilizados como referência e ajudarão a regularizar seu croqui. Ao lançar gradualmente estas linhas sobre o papel você está organizando e posicionando seu ponto de vista, o que contribuirá para o desenvolvimento do desenho.

Uma vez determinado o enquadramento do desenho, ele servirá como um esboço para a própria vista. Certifique-se de que este esboço de base está correto – talvez ele deva ser ajustado, para que as proporções e as distâncias sejam adequadas.

Agora que o enquadramento está correto, você poderá agregar outras linhas, a fim de desenvolver os detalhes do desenho. A precisão deverá ser conferida com o acréscimo de cada conjunto de linhas, para que se mantenha a integridade do desenho de observação. Após finalizadas as linhas, é hora de agregar tom, textura e cor ao croqui. É importante que os desenhos sejam "construídos" desta maneira, para que cada etapa seja clara e você consiga fazer modificações necessárias caso haja problemas de proporção, escala ou detalhe, preservando a "fidelidade" da representação.

Cadernos de croquis

Os cadernos de croquis guardam informações sobre o projeto e podem assumir diversas formas, conforme as maneiras de pensar de cada um. Às vezes eles servem como uma espécie de "catálogo de lembretes", ajudando a registrar e fixar detalhes específicos, outras vezes são utilizados para acompanhar o desenvolvimento geral de uma solução de projeto.

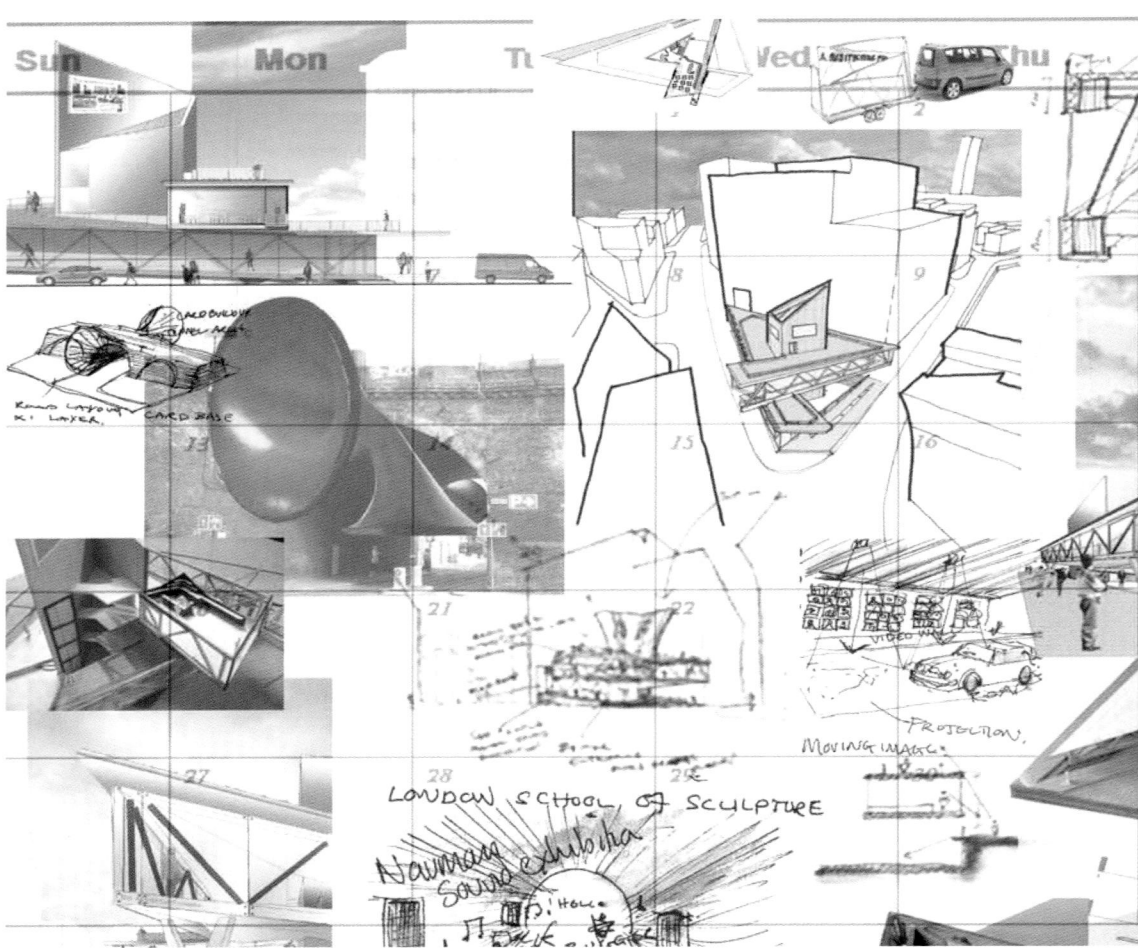

Diários de projeto

Um diário de projeto é um caderno de croquis atualizado a cada dia por meio do acréscimo de pensamentos, fontes de consulta e ideias. Como sugere seu nome, aqui o ponto crucial é que ele seja tratado como um diário, de modo pessoal, sincero e completo. Algumas ideias serão registradas rapidamente em um diário de projeto, mas jamais resgatadas, enquanto outras, mais valiosas, serão retrabalhadas, desenvolvidas e reforçadas.

Em virtude de sua própria natureza, um diário de projeto deve ter ideias e desenhos registrados cronologicamente. Deste modo, os conceitos poderão ser resgatados ao longo do tempo e o diário será um registro concreto da maneira como o projeto se desenvolveu e evoluiu. Em certos momentos, talvez seja necessário fazer uma pausa, refletir e reconsiderar a direção que seu projeto está tomando. Um diário de projeto permite a análise retrospectiva do avanço de um projeto, como se fosse uma linha de tempo projetual.

Projeto: Diário de projeto
Projetista: Adam Heike
Data: 2005

Esta página do diário de projeto de um aluno tem imagens compostas criadas pela sobreposição de croquis, maquetes eletrônicas e desenhos de uma proposta de projeto. As imagens também contêm referências a pesquisas realizadas. A variedade de fotografias e croquis esclarece os raciocínios que estão por trás da ideia do projeto de arquitetura e foram coladas juntas para dar um panorama do desenvolvimento da ideia.

Cadernos de croquis

 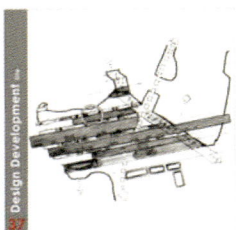  
 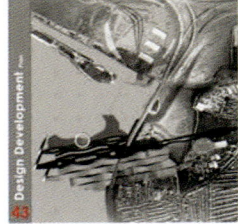 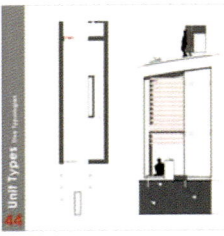 
  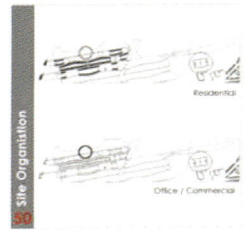 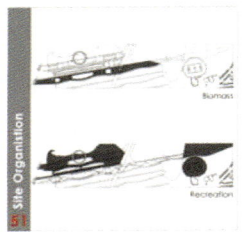

Cadernos de pesquisa

Um caderno de pesquisa é uma coletânea de ideias e referências sobre um aspecto particular do conceito de projeto (por exemplo, o uso de um material específico dentro da proposta), permitindo que o elemento seja investigado, desenvolvido e assuma uma forma final. As pesquisas realizadas podem ser registradas por meio de notas, fotografias, fotocópias ou imagens tomadas da Internet, além de croquis.

Um caderno de pesquisa geralmente guardará os resultados das pesquisas e dos estudos que fogem ao escopo do projeto em questão. Os cadernos de pesquisa são uma fonte útil e sugerem novas ideias para aplicação em outros contextos. Por exemplo, um material ou processo de construção particular pode, em última análise, se mostrar inadequado ao projeto atual, mas contribuir para uma ideia ou um projeto futuro. Assim, todas as investigações que aparecem nos cadernos de pesquisa são válidas e é crucial que sejam registradas e arquivadas.

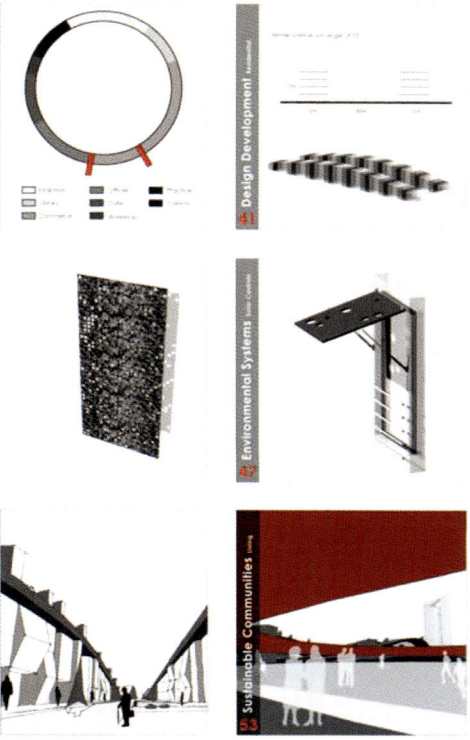

Projeto: Caderno de pesquisa
Projetista: Sian Crookes
Data: 2006

Estas páginas de um caderno de pesquisa descrevem áreas de investigação para um projeto de urbanismo. Alguns desenhos são na escala da cidade, outros são estudos de materiais e detalhes. As imagens incluem os precedentes que influenciaram o projeto, bem como referências aos detalhes e aos estudos de materiais e à sua aplicação ao projeto de arquitetura.

Cadernos de croquis de viagem

Os cadernos de croquis de viagem, feitos para cada viagem ou experiência, são empregados para representar uma variedade de observações sobre um local ou uma cultura. Os arquitetos que fazem cadernos de croquis de viagem em geral os utilizam para consultar ideias de arquitetura encontradas durante suas viagens e avaliar sua adequação aos seus projetos pessoais. Tais ideias podem incluir um uso particular de materiais, um tipo específico de estrutura ou uma experiência singular de iluminação em um cômodo ou espaço.

Os cadernos de croquis costumam ser tanto de observação (descrevendo algo que é visto) como de análise (analisando ideias e conceitos de projeto por meio de desenhos esquemáticos).

Técnicas de estudo

Um importante aspecto da elaboração de croquis é o desenvolvimento de preferências, abordagens e estilos pessoais, que pode ser feito por meio da experimentação com diferentes estilos, técnicas, materiais e superfícies de desenho. Sempre que você encontrar um desenho que seja de seu gosto, descubra quais materiais foram empregados para fazê-lo e então adote, adapte e experimente-os para desenvolver sua própria estratégia pessoal.

A composição de técnicas de fontes diferentes é outra forma de descobrir sua própria maneira de trabalhar. As diferentes áreas das artes e do *design* – da ilustração e da animação ao projeto gráfico e às belas artes – utilizam variadas técnicas de representação que podem ser adaptadas aos desenhos e às apresentações de arquitetura.

Croquis de estudo

Nas etapas iniciais de um projeto, uma ideia pode evoluir rapidamente, assim, os desenhos devem acompanhar seu ritmo. Nestes momentos, é útil e apropriado realizar desenhos espontâneos e com linhas rápidas e intuitivas, para registrar imediatamente uma ideia no papel. Os croquis de estudo devem ser mais detalhados: são desenhos elaborados para a análise de um problema particular ou para o desenvolvimento de um desenho de apresentação de uma proposta de projeto.

Todavia, os croquis não precisam sempre corresponder exatamente a uma destas três "categorias". Por exemplo, um croqui de observação pode ser justaposto a desenhos mais abstratos, usando diagramas e desenhos anotados que exploram uma ideia imaginada. Os croquis também podem ser transferidos de um contexto para outro. Nestes casos, é possível digitalizá-los e trabalhá-los com um programa de CAD (veja as páginas 134–139), a fim de obter desenhos híbridos que foram em parte feitos à mão e em parte gerados por computador. O uso de mais de uma plataforma de desenho enriquece um croqui e torna-o ainda mais personalizado.

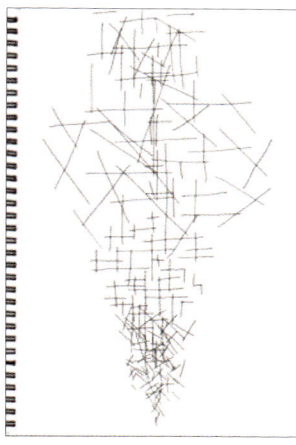

Projeto: Croqui de estudo (à esq.)
Projetista: Edward Steed
Data: 2007

Estes croquis representam um espaço por meio de uma série de linhas que descrevem movimentos ou percursos por todo ele; um croqui foi feito com traços de giz branco sobre papel preto, o outro, com tinta preta sobre papel branco. Estas duas imagens são representações do mesmo espaço, mas o uso de diferentes papéis e instrumentos de desenho cria impressões distintas, que podem ser lidas simultaneamente.

Projeto: Croqui de estudo (à direita)
Projetista: Edward Steed
Data: 2007

Esta série de investigações sobre um espaço utiliza imagens fotográficas sobre as quais foram feitos traços à mão livre. Colocou-se um papel sobre as imagens, gerando o efeito de uma colagem, e foram traçadas linhas de movimento dentro de um cômodo.

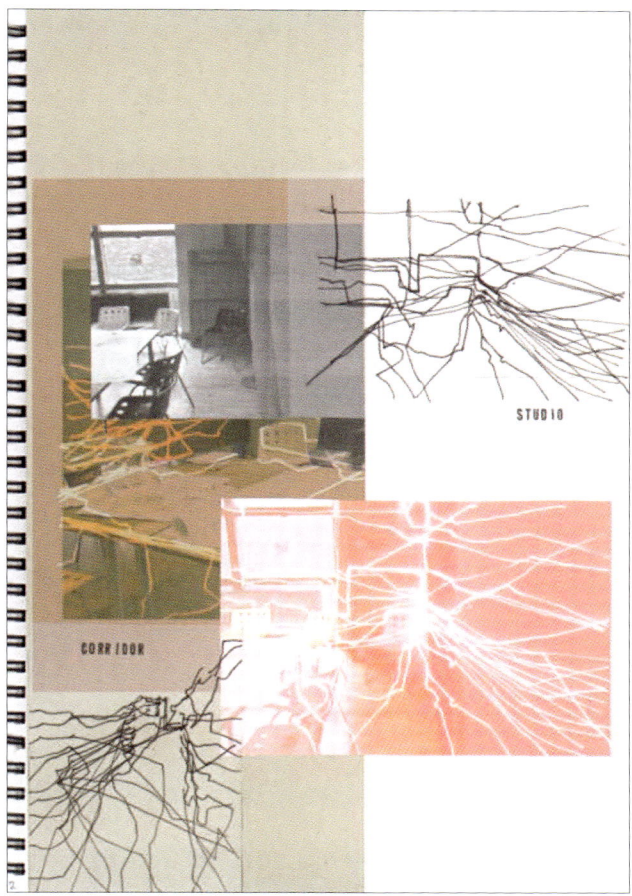

Técnicas de estudo

Materiais e superfícies de desenho

A técnica de desenho tradicional dos arquitetos é o uso de caneta preta sobre papel branco, mas fazer experiências com giz ou caneta branca sobre papel preto também cria um contraste inverso bastante interessante.

O emprego de lápis ou lapiseiras com minas de diferentes durezas e larguras também afetará a dinâmica do desenho: uma barra de grafite grossa produzirá linhas pesadas, já uma lapiseira 0,3mm criará linhas mais finas e precisas.

A aquarela e os lápis de cor empregados em um croqui ressaltam vários aspectos do desenho. As aquarelas têm a vantagem de poderem ser sobrepostas em várias camadas. A primeira camada pode ser transparente, para criar uma aguada de base em toda a página, e as aplicações subsequentes de cor irão conferir mais profundidade à imagem.

Outras técnicas

A colagem (veja as páginas 112–113) agrega textura real a uma imagem. Uma colagem pode começar como uma série de peças desconectadas que então são cuidadosamente organizadas e distribuídas de modo a criar uma nova imagem composta da ideia de projeto. A escolha dos materiais empregados em uma colagem é importante: eles podem ser complementares ou selecionados justamente para criar contrastes.

No contexto das técnicas de representação em arquitetura, a fotomontagem (veja as páginas 112–113) combina a fotografia de um terreno específico com o croqui da ideia ou proposta de arquitetura, criando uma imagem composta que oferece uma impressão realista da edificação futura. Neste tipo de imagem, outros elementos podem ser acrescentados para dar escala. O uso de calungas (figuras humanas) e veículos, em especial, confere escala de uma maneira universalmente compreendida, bem como sugere os tipos de atividades e eventos associados à ideia de arquitetura apresentada.

Projeto: Proposta de dormitório para estudantes
Localização: Roterdã, Países Baixos
Projetista: Jeremy Davies
Data: 2007

Esta é uma perspectiva externa de uma proposta de dormitório para estudantes em Roterdã. A perspectiva emprega a técnica da colagem para criar o efeito da linha de horizonte da cidade ao fundo. Os calungas foram incluídos para reforçar a escala e o realismo da imagem.

Exercício 1: croqui

Projeto: Visão serial
(acima e na página ao lado)
Localização: Veneza, Itália
Projetista: Jeremy Davies
Data: 2006

Estes três croquis fazem parte de uma série realizada durante uma viagem à Veneza, para descrever uma sequência de impressões da cidade. Eles se relacionam com um percurso específico e registram uma interpretação pessoal de Veneza.

Para que você consiga desenvolver e aperfeiçoar sua habilidade de desenhar croquis, é necessário praticar. Além disso, é importante observar e usar o tempo necessário para avaliar o que você está desenhando.

As experiências cotidianas podem ser redescobertas quando as desenhamos. Um método muito pessoal de observação e descrição das ideias de arquitetura é fazer croquis quando passeamos em uma cidade ou visitamos um prédio, emoldurando nossas percepções e vistas e relacionando-as a espaços ou a cômodos particulares dos prédios.

Em seu livro *Paisagem Urbana* (1994), Gordon Cullen defende o emprego de uma técnica de desenho de croquis chamada "visão serial". Esta análise envolve o desenho de um percurso pela cidade, primeiramente como um mapa e depois como uma série de vistas conectadas entre si. O resultado final é uma descrição pessoal do percurso. A técnica da visão serial pode ser aplicada tanto a deslocamentos dentro de espaços ou edificações como pela cidade.

A visão serial

Este exercício ensina como observar um espaço e desenhar seu percurso por ele de maneira que registre e comunique sua interpretação e suas percepções ao longo do caminho.

1. Faça uma caminhada dentro de um grande prédio que você goste, como uma biblioteca, uma galeria de arte ou um museu.

2. Ao longo do percurso, identifique uma série de espaços que você julga interessantes e que comuniquem sua percepção do prédio.

3. Esboce a planta baixa do seu percurso. Esta planta deve ocupar pelo menos uma página de seu caderno de croquis. Este passo nada tem a ver com desenhos em escala: a planta pode ser um diagrama informal e vago dos espaços conectados.

4. Divida em seis partes outra página do seu caderno de croquis. Marque na planta feita anteriormente os seis pontos-chave que registrarão sua percepção do prédio, numere-os e desenhe os seis croquis em perspectiva que descrevem seu percurso.

Este é um exercício de prática, então, desenhe à mão livre. Também não use borracha – primeiro faça riscos leves e depois reforce as linhas, à medida que for adquirindo confiança.

Use cores para realçar seus croquis. Ressaltar uma característica particular, como o uso de um material específico ou um detalhe que chama sua atenção, começará a personalizar seu desenho e enfatizará seu interesse especial naquela vista.

Escala

Projeto: Torre Phare
Localização: Paris, França
Arquiteto: Morphosis
Data: 2006

Este desenho esquemático feito pela firma de arquitetura Morphosis pertence a uma proposta de edifício para o bairro parisiense de La Défense. A Torre Phare é um prédio comercial com 300 metros de altura cuja conclusão está prevista para 2012. Esta fotomontagem gerada por computador dá uma ideia da escala impressionante da edificação proposta e destinada a se tornar um ícone da cidade.

A palavra escala tem diversos significados na arquitetura. Os desenhos podem estar em escala (de acordo com um sistema ou uma referência estabelecida ou acordada), fora de escala ou sem escala. Ao longo da história, os arquitetos têm empregado uma variedade de sistemas de escala. A arquitetura clássica grega e romana, por exemplo, utilizava um sistema modular de medidas no qual o módulo correspondia à largura da base de uma coluna, e esta medida determinava o sistema clássico de ordens e suas proporções relativas. Le Corbusier também utilizava um sistema modular baseado nas proporções do corpo humano para garantir que seus projetos de arquitetura estivessem na escala humana.

Os sistemas de escala comparativos são necessários para a representação, o desenvolvimento e a explicação das ideias de arquitetura de um espaço ou de uma edificação. Plantas, cortes, elevações e maquetes são os métodos convencionais utilizados para a comunicação das ideias, mas eles devem ser criados de maneira que o arquiteto, o construtor e o cliente possam mensurá-los e entendê-los.

Quando desenhamos em escala, a escala ideal depende do contexto, e a escala maior ou menor empregada em cada estudo varia conforme o tipo de projeto. O projeto de uma cidade, por exemplo, será mais bem compreendido com uma escala grande, enquanto o desenho de um móvel exigirá um sistema de escala e desenho mais reduzido.

Entender as escalas significa se conectar com o tamanho relativo de cidades, lugares, prédios, espaços e objetos e aprender de que maneira estes, por sua vez, se relacionam entre si e com as pessoas que os ocupam e utilizam.

Croqui › Escala › Projeções ortogonais

Medidas

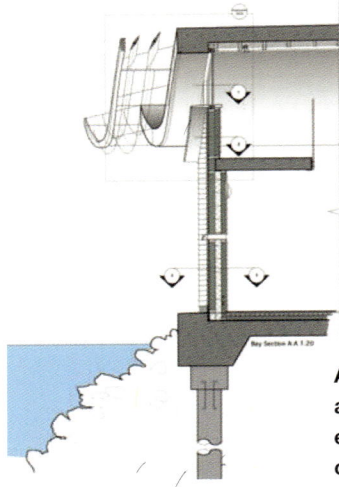

Projeto: Centro de Atividades de Emsworth
Localização: Emsworth, Inglaterra
Arquiteto: Rocky Marchant
Data: 2006

Estes desenhos descrevem o corte de uma edificação localizada em um terreno exposto ao mar. Os desenhos incluem um corte, uma elevação, plantas baixas e uma perspectiva. Os detalhes dos desenhos são suficientes para compreender o tamanho e as dimensões relativas dos materiais empregados no revestimento externo do prédio.

As edificações podem ser descritas de maneira quantitativa ao tomar suas medidas de diferentes maneiras; por exemplo, medindo a quantidade de material necessário para construí-las ou entendendo o tamanho de seus espaços internos e externos.

O levantamento das medidas de um prédio existente é importante quando se deseja uma ampliação, reforma ou reciclagem, pois ele permite ao arquiteto sugerir as melhores respostas às várias aberturas nas paredes, nos pisos e nas coberturas. O estudo e a medição de um prédio existente também oferecem muitas informações sobre como ele foi construído, quais materiais foram utilizados ou quais são os detalhes particulares de sua construção. Analisar uma edificação por meio dos detalhes oferecidos em suas plantas, seus cortes e suas elevações elucidará muitos aspectos do conceito de projeto original.

Sistemas de medidas

Os sistemas de medidas são universalmente aceitos e conhecidos. Atualmente, os sistemas de mediação mais comuns são o sistema métrico e o sistema imperial (ou inglês). O sistema métrico utiliza milímetros (mm), centímetros (cm), metros (m) e quilômetros (km) como suas unidades básicas de medida; o sistema imperial utiliza polegadas (in), pés (ft), jardas (yd) e milhas (mi).

Além destas convenções padronizadas, existem os sistemas modulares, que empregam um "módulo" preestabelecido como sua unidade básica de medida. Na arquitetura clássica, por exemplo, o módulo convencional era a largura da base da coluna; já o "Modulor", de Le Corbusier (1948), dividia o corpo humano em unidades e os desenhos do arquiteto se relacionavam a este sistema de medidas (veja a página 35).

Levantamentos

Para uma melhor compreensão de como as medidas funcionam na arquitetura, podemos medir e desenhar edificações e espaços existentes. Chamamos de "levantamento" a medição e reprodução em um desenho de um espaço existente. Os levantamentos geralmente são feitos por meio de desenhos, para que sejam registradas as condições de um espaço de modo que o arquiteto possa atuar neles da maneira apropriada.

Um levantamento topográfico consiste de plantas que registram as divisas de um terreno e cortes que descrevem sua topografia e qualquer elemento importante do entorno. Os diferentes níveis do terreno são mostrados por meio de curvas de nível ou uma série de pontos de altitude que indicam as alturas relativas.

As informações sobre o terreno e suas divisas podem ser mapeadas digitalmente com o uso de diversos provedores *online*. Após o pagamento de uma taxa, o banco de dados permitirá que se baixe e imprima as plantas do terreno, que serão utilizadas como base para um desenho em CAD (algo sujeito a certas normas de direitos autorais). Estes sites da Internet têm permitido o conhecimento mais profundo dos terrenos dos projetos de arquitetura, pois o mapa digital pode ser importado aos desenhos em CAD de qualquer escala.

Desenhos em escala e com cotas

Os desenhos em escala geralmente também apresentam cotas (dimensões numéricas), uma vez que estas permitem a leitura mais rápida e precisa das informações. Estas dimensões são apresentadas como uma série de medidas individuais ou como uma dimensão progressiva.

Quando elaboramos um levantamento, é importante medir os espaços individualmente e depois incorporar as outras dimensões do espaço da edificação global, pois estas funcionam como uma espécie de "prova" de que a soma das medidas individuais corresponde às medidas totais.

Escalas mais usuais

Os arquitetos e demais projetistas espaços costumam usar diversas escalas que variam conforme o projeto do espaço sendo trabalhado.

Escala	Desenho
1:1	Tamanho real dos detalhes
1:2	Detalhes
1:5	Detalhes
1:10	Espaços internos/ mobiliário
1:20	Espaços internos/ mobiliário
1:50	Espaços internos/ plantas baixas detalhadas/plantas
1:100	Plantas de edificações/ leiautes
1:500	Leiautes de edificações/ plantas de localização
1:1000	Plantas de terreno na escala urbana/plantas de localização
1:1250	Plantas de situação
1:2500	Plantas de situação/ mapas de cidade
S/E	Sem escala (desenho abstrato)

Medidas

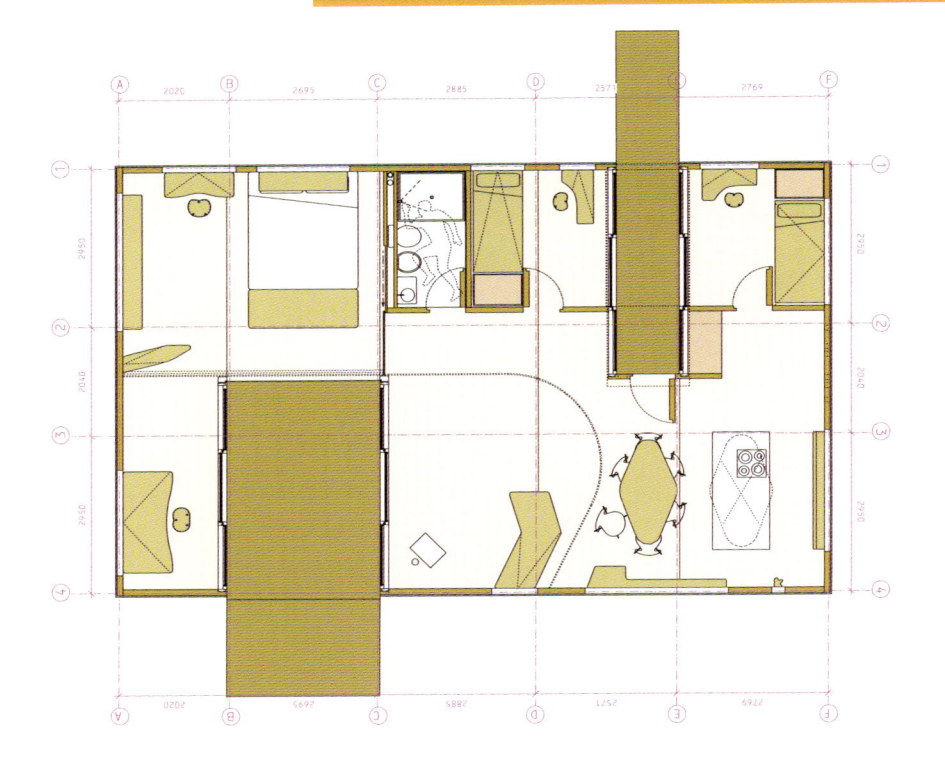

Projeto: Casa Nua
Localização: Oslo, Noruega
Arquiteto: dRMM
Data: 2006

A Casa Nua é uma casa popular, ecologicamente sustentável, responsável em termos de emissões de CO_2, pré-fabricada e que pode ser adaptada a cada usuário. Em termos de conceito de arquitetura, a casa funciona como se fosse um diagrama recortado com todos os elementos numerados (incluindo as aberturas de portas e janelas) pré-cortados digitalmente nos pesados painéis de madeira laminada.

Este conjunto de desenhos da Casa Nua inclui uma planta baixa e dois cortes, todos em escala e com cotas. A planta baixa apresenta um conjunto claro de medidas relacionadas a uma malha organizadora. Uma vez que a casa é um "kit de montagem", as dimensões são cruciais para entender a montagem.

Instrumentos de desenho

Instrumentos de desenho precisos são necessários a fim de tomar e registrar as medidas de um desenho em escala. O instrumento mais básico dos desenhos em escala é o escalímetro, o qual apresenta dimensões específicas para que as medidas sejam precisas.

Os escalímetros variam conforme a especialidade do projetista. Um engenheiro e um desenhista de produto, por exemplo, usam diferentes sistemas de escala em seus trabalhos e, portanto, precisam de escalímetros distintos e adequados a tais sistemas.

Ao fazer o levantamento de medidas de espaços existentes, a trena é um equipamento simples, porém essencial. As trenas estão disponíveis em uma variedade de tamanhos e, mais uma vez, a dimensão mais apropriada dependerá da escala do objeto ou espaço a ser medido. Por exemplo: uma trena de três metros é útil para espaços e objetos de pequenas dimensões, mas no levantamento de um prédio ela será inútil – neste caso uma trena de 30 metros é muito melhor. Além das trenas tradicionais, existem equipamentos digitais que medem recintos ou edificações com precisão por meio da tecnologia de raios laser.

Para conhecer os diversos níveis de um terreno, é necessário utilizar um teodolito. O teodolito é um instrumento dotado de visor giratório empregado para a tomada de ângulos horizontais e verticais. Primeiramente, o teodolito é posicionado em um ponto específico do terreno, para criar um nível de referência – todos os demais níveis serão então descritos em relação a ele. Um terreno grande pode ter variações de nível consideráveis, o que afeta o projeto ou leiaute que será proposto.

Escala real

Uma proposta de edificação às vezes se beneficia de análises em escala real. Os arquitetos renascentistas tinham predileção por este tipo de técnica e frequentemente criavam representações em tamanho real dos elementos das edificações propostas (por exemplo, de cúpulas ou abóbadas) para dar uma ideia melhor da forma. Em construções especiais, às vezes é necessária a produção de um modelo em escala real para que se tenha certeza de que o elemento encaixará perfeitamente no local previsto. Em outras situações, o elemento em escala real é utilizado para testes: um elemento particular do projeto de arquitetura às vezes precisa ser testado em escala real (da mesma maneira que um protótipo é construído no desenho de produtos ou na engenharia), para garantir seu bom funcionamento. Também pode haver aspectos inovadores na proposta que são construídos em escala real para serem compreendidos adequadamente.

Cenários, desenhos e maquetes em escala real

Alguns espaços podem ser construídos como se fossem cenários, para sugerir uma edificação ou um objeto em seu contexto. O uso de materiais descartáveis, como papelão ou poliestireno, permite uma melhor visualização do projeto, em tamanho real, e, portanto, uma melhor compreensão de seu impacto dentro de um espaço. Tais elementos também podem ser lidos como instalações: esculturas em escala real inseridas em um espaço.

Em geral, desenhos e maquetes em escala real são restritos a detalhes de arquitetura (uma maçaneta de porta ou um móvel, por exemplo – veja as páginas 42–43), quando o tipo, a textura e a tatilidade dos materiais são importantes considerações do projeto, ou para a especificação de detalhes de fixação que precisam ser desenvolvidos a partir de componentes particulares executados em tamanho real e testados como protótipos.

Projeto: Casa de Verão da
The Architecture Foundation
Localização: Londres, Inglaterra
Arquitetos: 6a architects e
Eley Kishimoto
Data: 2005

Projetada por 6a architects e pelos designers de moda da Eley Kishimoto, a Casa de Verão explorou o potencial do emprego de motivos decorativos na arquitetura e criou um espaço público temporário e marco na paisagem durante dois meses do verão de 2005. O exterior foi revestido com elementos de compensado cortados a laser no motivo desenhado pela Eley Kishimoto e inspirado no cabelo de Rapunzel, os quais permitiam que uma luz salpicada entrasse no interior da torre. À noite, a torre era iluminada por dentro e brilhava como uma lanterna gigante. Este projeto foi inicialmente testado por meio de uma maquete e depois foi construído em compensado, como uma instalação em escala real em um espaço existente, como se fosse um elemento de um cenário de teatro.

Escala real virtual

Em arquitetura, quase nunca é possível ter uma compreensão "total" do impacto em tamanho real da forma, materialidade e escala de uma edificação antes da execução do projeto. No entanto, os avanços da tecnologia já permitem que uma forma proposta seja testada virtualmente em seu contexto.

Esta tecnologia vem sendo desenvolvida em colaboração com a indústria de jogos de computador e permite que o arquiteto desenvolva seus espaços, cômodos, cidades e contextos virtuais, além de sugerir como nós (os usuários) podemos interagir com as novas ideias.

Usando equipamentos especiais, podemos experimentar de maneira virtual e em escala real um espaço proposto. A experiência é impressionante e leva você a um mundo no qual é possível abrir portas e se deslocar dentro de espaços imaginários. As fronteiras entre a visualização da arquitetura e a realidade estão se tornando cada vez mais tênues.

Escala real

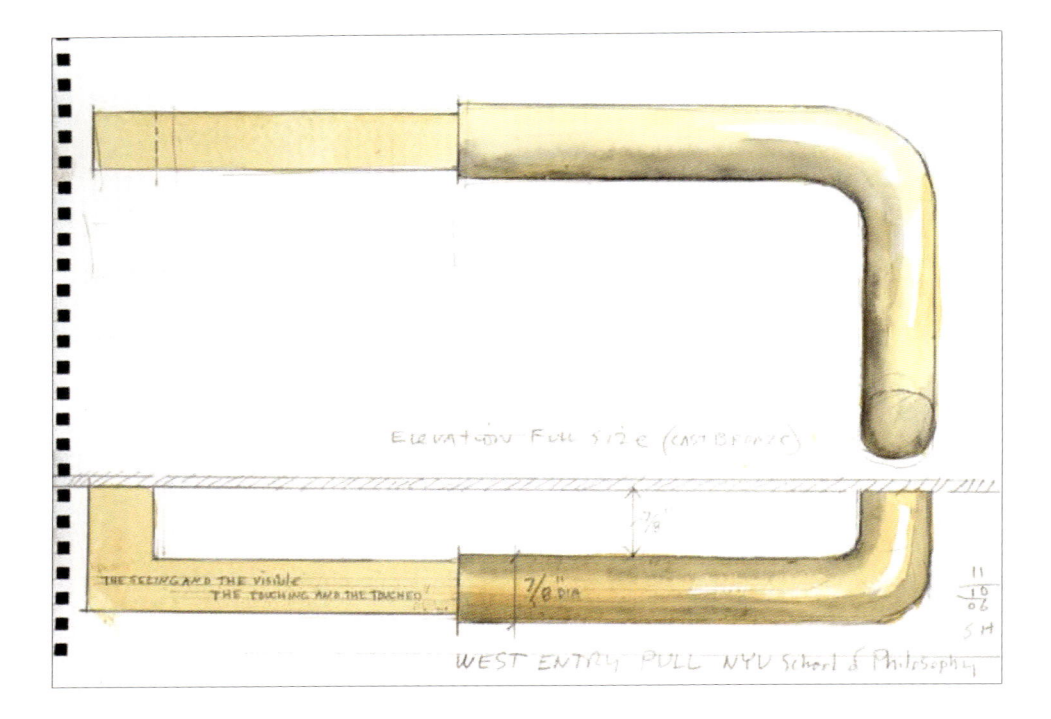

Sempre projete um objeto considerando-o inserido em seu próximo contexto maior – uma cadeira em uma sala, uma sala em uma casa, uma casa em um entorno, um entorno em uma planta de cidade.
Eliel Saarinen

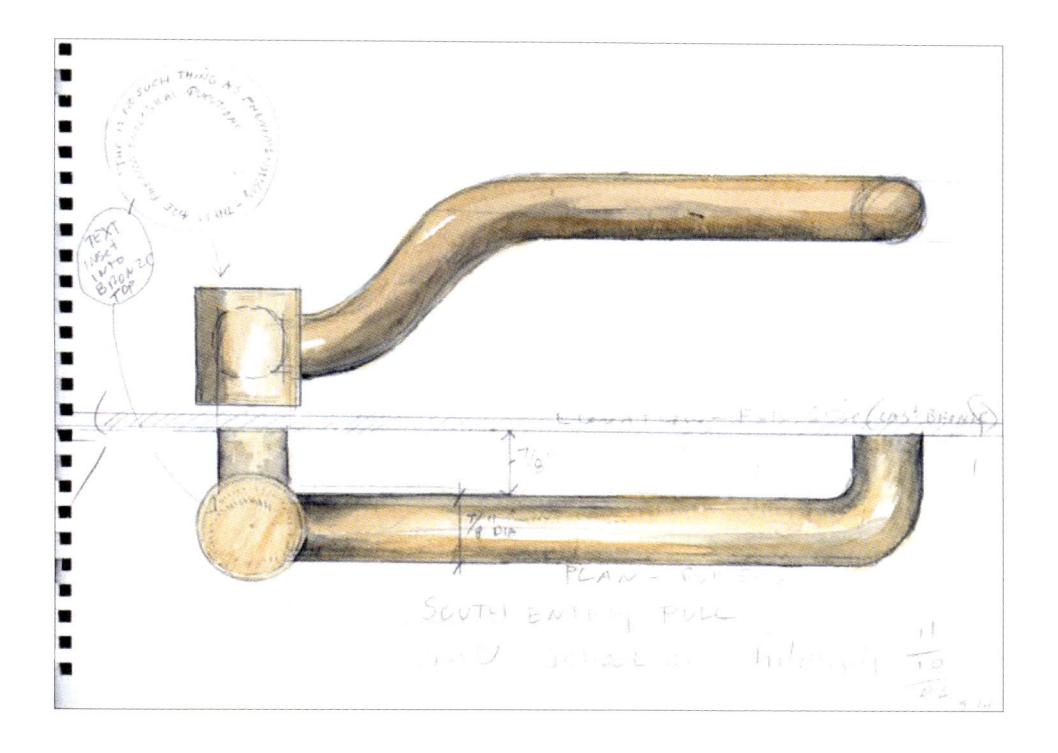

Projeto: Maçaneta de porta, Escola de Filosofia da NYU
Localização: Nova York, EUA
Arquiteto: Stephen Holl Architects
Data: 2006

Estas aquarelas são representações em escala real de uma maçaneta de porta. O desenho de um objeto em tamanho real permite que seu material e sua escala sejam bem compreendidos.

Escala dos detalhes

O desenho de detalhes em escala permite uma análise profunda de uma edificação ou um espaço por meio da inspeção detalhada das partes que compõem o projeto. Estes desenhos geralmente são feitos nas escalas de 1:2 (metade da escala real), 1:5 (um quinto da escala real) ou 1:10 (um décimo da escala real). O desenho de detalhes fará parte do projeto executivo da proposta de arquitetura e se relacionará com os demais desenhos e as informações complementares do projeto. Assim, o projeto executivo descreve uma edificação desde seu terreno e contexto até os detalhes e acabamentos dos materiais empregados.

Em toda edificação, alguns detalhes são genéricos, aparecem em vários locais e são realizados com materiais e técnicas de construção padronizadas, mas há outros detalhes mais especializados que precisam ser projetados e desenvolvidos como resposta a condições particulares ou mesmo únicas do prédio.

Desenhos de detalhe

Ao elaborar um jogo de desenhos de detalhe, cada detalhe precisa ser considerado em relação à edificação como um todo, e o conceito da proposta total deve estar visível em cada um destes desenhos. É, por exemplo, a textura de uma maçaneta de porta ou a relação entre uma parede e um piso que tem o maior impacto na nossa experiência pessoal da arquitetura de uma edificação ocupada. O cuidado com o qual projetamos cada um destes detalhes exige o mesmo rigor que aplicamos ao projeto de uma planta baixa ou um corte do prédio. Os desenhos de detalhe representam as sutilezas da proposta de arquitetura e explicam como os materiais se integram de maneira adequada ao conceito.

Durante a execução de uma obra, às vezes os detalhes são modificados conforme a construção progride, para responder a problemas com o terreno, à indisponibilidade de materiais ou a mudanças no projeto. Os desenhos de detalhe costumam incluir informações escritas com clareza e são acompanhados por uma chave, legenda ou referência numérica que explique os materiais selecionados.

Desenhos de montagem

Os desenhos de montagem são maneiras de representação empregadas pela engenharia civil e mecânica que exploram a montagem das diferentes partes de uma composição. Estes desenhos muitas vezes são instruções padronizadas que sugerem uma estratégia uniforme de conexão de materiais. Esta abordagem será condicionada pelas informações e orientações fornecidas pelo fabricante dos componentes. Em muitos casos, os detalhes são complementados pelo arquiteto, de acordo com as condições específicas da edificação.

Os detalhes de montagem e construção de uma edificação devem ser explorados em diferentes escalas. Por exemplo, a escala adequada para uma boa leitura deve permitir a explicação dos elementos de fixação, como parafusos, porcas e arruelas. Neste caso, provavelmente será necessário o uso da escala de 1:2 ou 1:5.

Projeto: Conjunto habitacional na Centaur Street
Localização: Londres, Inglaterra
Arquiteto: dRMM
Datas: 2004–2005

Esta fotografia do projeto da Centaur Street mostra a elevação do prédio, revestida com elementos curvos. O edifício consiste em quatro apartamentos com pavimentos desencontrados, cada um com seu balcão privativo. Um edifício de apartamentos localizado a apenas 30 metros do viaduto Eurostar parece uma proposta curiosa, mas o escritório de arquitetura dRMM foi contratado justamente para desenvolver um projeto baseado em uma nova tipologia de habitação para terrenos degradados ou contaminados recuperados na cidade de Londres. A proposta apresentada era um híbrido do edifício de apartamentos horizontalizado europeu e a casa em fita verticalizada inglesa.

Cada unidade desfruta de um interior amplo organizado como um espaço de estar bastante largo, com planta livre e pé-direito duplo, dentro do qual foram distribuídos a escada e os dormitórios fechados e contíguos, formando um anteparo de concreto que protege o apartamento da ferrovia.

Escala dos detalhes

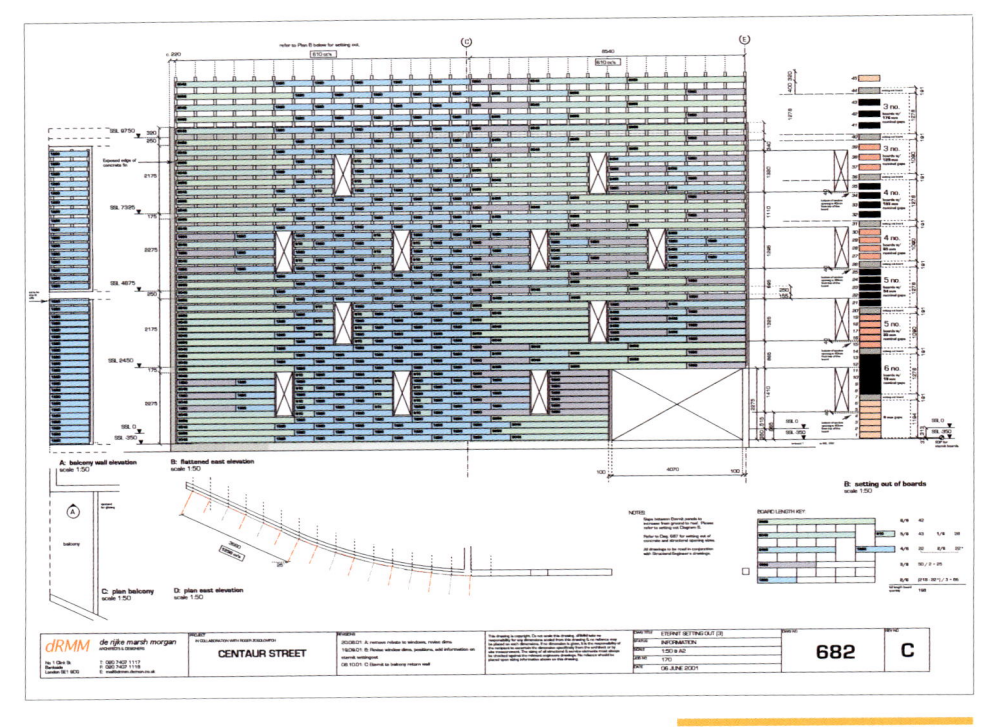

Projeto: Conjunto habitacional na Centaur Street
Localização: Londres, Inglaterra
Arquitetos: dRMM
Datas: 2004–2005

O desenho acima representa a elevação curva do edifício. Ele permitiu aos projetistas elaborar um estudo detalhado do revestimento da complexa fachada curva e também foi utilizado para ajudar a explicar como desejavam que fosse a execução da obra.

Os detalhes de montagem (à direita) mostram cortes de detalhes importantes na escala de 1:5. Todas as plantas baixas incluem referências cruzadas com os cortes na escala de 1:20.

Escala

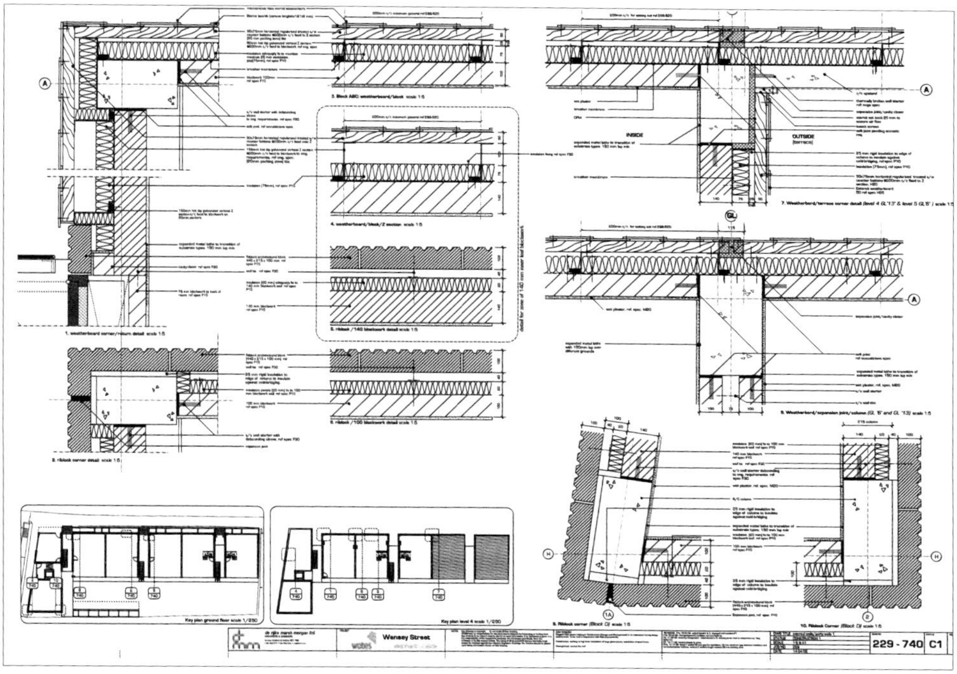

Wansey Street
229 - 740 C1

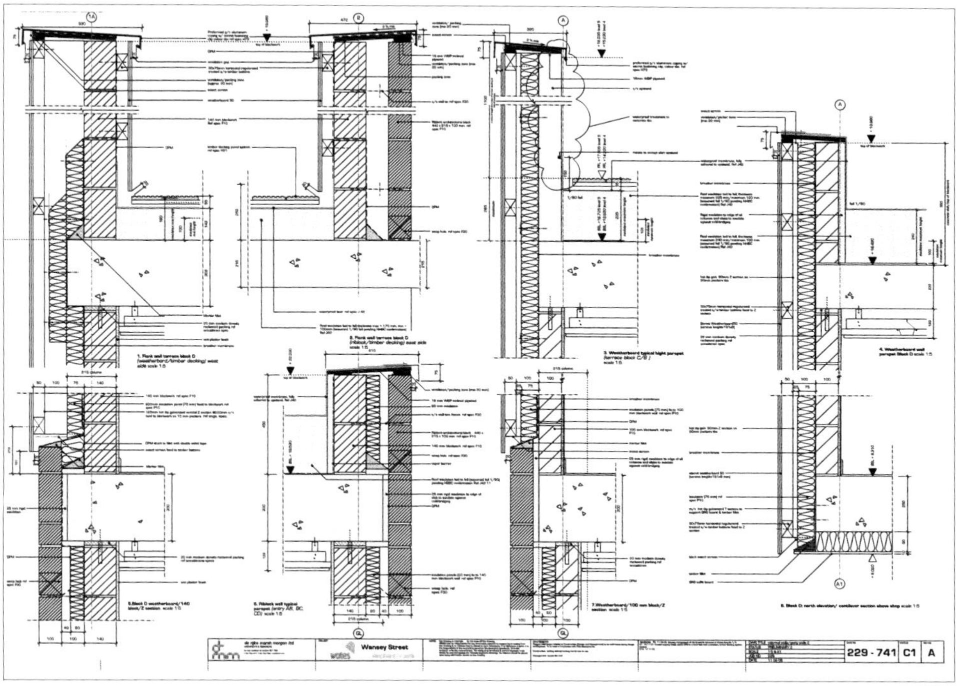

Wansey Street
229 - 741 C1 A

Escala dos detalhes

Projeto: The Eco-Station
Localização: Diversos lugares do Reino Unido
Arquitetos: David Yearley, Lorraine Farrelly, Matt Mardell, Alex Wood e Architecture Plb
Data: 2007

A Eco-Station foi projetada como parte da Semana Nacional de Arquitetura (2007), como uma construção para chamar a atenção do público ao conceito de sustentabilidade. O projeto consistia em uma série de estruturas que podiam ser facilmente montadas e desmontadas em diversos lugares. As estruturas eram então revestidas de painéis feitos com materiais variados, de telefones celulares reciclados a tubos de plástico velhos. Os detalhes ao lado mostram a escala do projeto e apresentam algumas informações sobre a estrutura por meio de plantas baixas e cortes.

Desenhos de detalhes em corte

Um corte serve para evidenciar a estrutura interna de um prédio (ou espaço), como se ele tivesse sido secionado na vertical. Um desenho de detalhe em corte mostra o relacionamento entre os detalhes mais importantes dentro dos planos de corte. Um corte de parede externa (ou corte de pele), por exemplo, pode descrever a relação da parede com as fundações do prédio, seus pisos e sua cobertura.

Estes desenhos, na maioria das vezes, são feitos nas escalas de 1:10 ou 1:20, dependendo do tamanho da edificação. Os desenhos de detalhes em corte incluem referências cruzadas ao corte da edificação relevante, de modo que o contexto do detalhe possa ser entendido em relação ao todo.

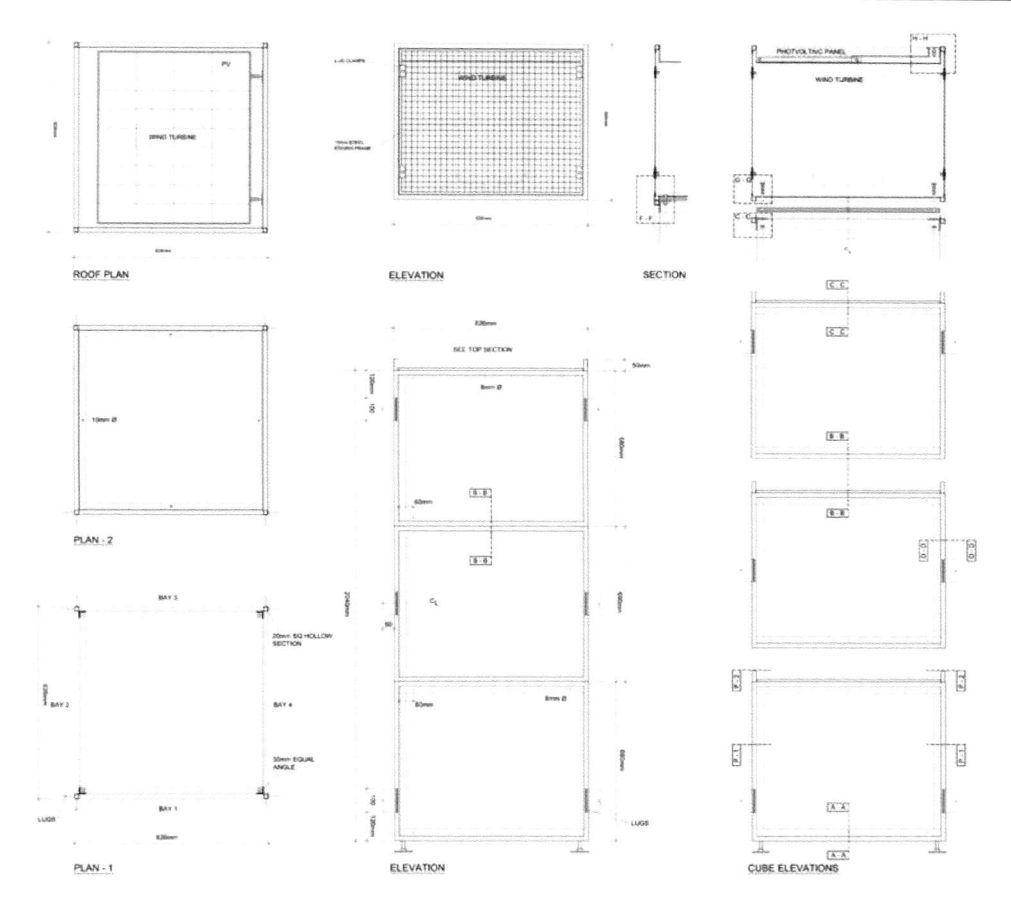

Conjuntos de desenhos especiais

Os detalhes são desenhados para descrever uma condição, uma função ou um contexto particular dentro de um projeto. Certos elementos (como uma escada ou um móvel fixo) talvez precisem ser construídos por fabricantes que não estão familiarizados com o projeto. Nestes casos, elabora-se um conjunto de desenhos especiais que terão informações suficientes para que os detalhes sejam produzidos separados, mas corretamente.

Separar a fabricação de alguns componentes da execução da obra civil permite que o projeto seja desenvolvido de maneira mais flexível e receba a colaboração de diferentes especialistas.

Escala dos interiores

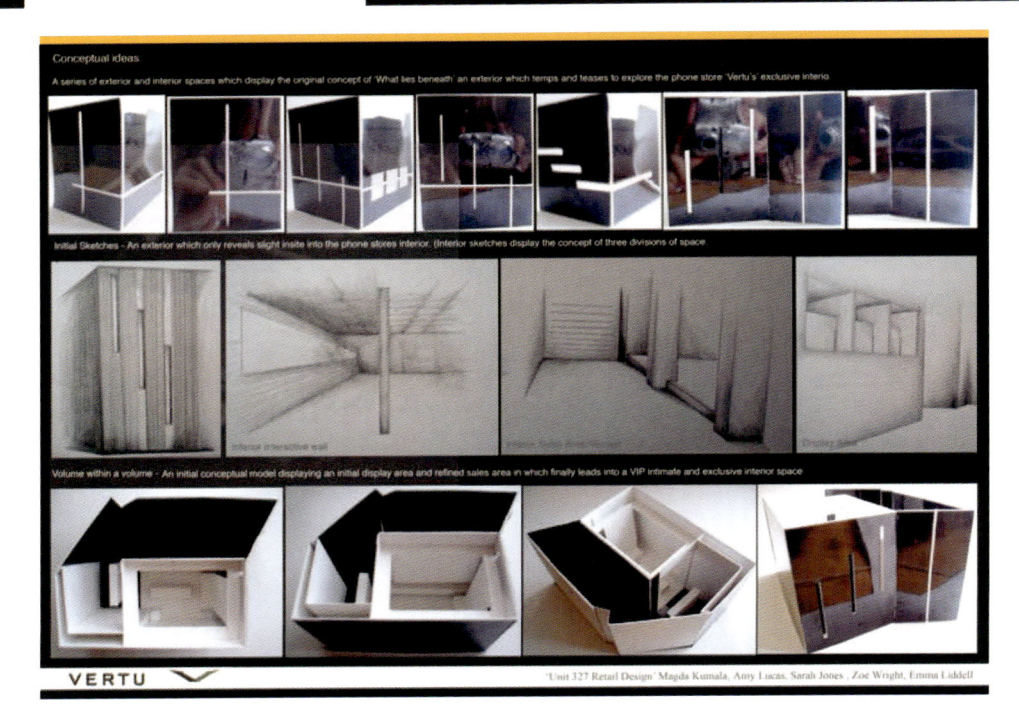

Projeto: Loja Vertu
Localização: Projeto conceitual
Projetistas: Projeto de um grupo de alunos
Data: 2007

Esta série de imagens descreve o desenvolvimento de uma ideia de arquitetura de interiores para uma loja de telefones celulares. O conceito iniciou com uma série de maquetes que foram fotografadas por dentro, para explorar os espaços criados. Depois, foram utilizados croquis de interior a fim de estudar as vistas desejadas para o interior da loja. A maquete final tira partido dos contrastes obtidos entre claro e escuro, branco e preto e dentro e fora, o ponto de partida do conceito original.

Ao desenhar espaços internos, uma consideração importante é a representação do espaço total como um todo. Isso permitirá uma compreensão dos móveis que serão utilizados, dos componentes detalhados (como luminárias) e dos materiais de acabamento do espaço.

Os espaços internos geralmente são representados nas escalas de 1:10 e 1:20 – dependendo das dimensões do recinto. Estes desenhos são ainda mais eficientes se apresentarem objetos cujas dimensões reconhecemos rapidamente. Por exemplo, quando vemos um desenho em escala de um dormitório com uma cama, conseguimos entender melhor a escala do recinto em relação ao mobiliário, pois as camas costumam ter tamanhos relativamente padronizados. Já o desenho de um ambiente com uma mesa seria menos preciso, pois há mesas de tamanhos muito variados.

A inserção de calungas (figuras humanas) em desenhos de interior também ajuda o observador a perceber a escala do recinto ou espaço, além de dar uma ideia de sua função.

Projeto: Loja Vertu
Localização: Projeto conceitual
Projetistas: Projeto de um grupo de alunos
Data: 2007

O conceito do projeto da loja Vertu era um contraste entre espaços e tons. Este corte da loja de celulares inclui imagens inseridas por meio da fotomontagem para dar uma ideia da escala dos espaços. O tratamento da proposta, com positivos e negativos, se reflete no desenho branco sobre preto (em negativo), e o foco dos desenhos está no espaço interno e no expositor de mercadorias.

Painéis com amostras de materiais

No desenho de um espaço interno, o uso de cores, texturas, luzes e acabamentos disponíveis também é muito importante para o resultado final da proposta. Estes aspectos de um projeto podem ser variados e resultar em uma gama de experiências internas. De forma parecida às perspectivas (veja a página 52), painéis com amostras de materiais sugerem alternativas de execução do interior.

Os painéis com amostras de materiais podem mostrar esquemas de cores e revestimentos de pisos e paredes, além de especificar detalhes do interior, como maçanetas de portas ou acabamentos de madeira, os quais também são incluídos para dar exemplos em escala real do acabamento proposto.

Escala dos interiores

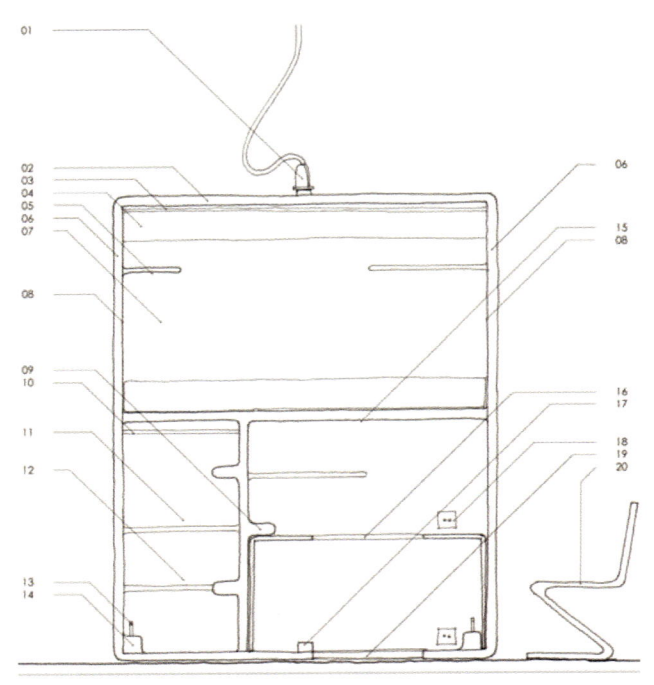

Projeto: Proposta de dormitório para estudantes
Localização: Roterdã, Países Baixos
Projetista: Jeremy Davies
Data: 2007

Este projeto de dormitório para estudantes empregou uma ideia inovadora para a acomodação dos alunos: uma série de grandes "baús" que continham em uma só peça um roupeiro, uma cama e uma escrivaninha. O detalhe e a perspectiva do interior dão uma boa ideia da escala da proposta e de como os estudantes ocupariam seus "quartos". A proposta é uma solução criativa a um problema comum de projeto de interiores.

Cortes perspectivados e perspectivas de interiores

As perspectivas de interiores são uma maneira útil de descrever a função prevista para um recinto ou espaço. Na escala dos interiores, as perspectivas permitem comunicar a interação que o usuário poderá ter com o espaço ou mesmo a atmosfera ou o uso previsto.

Muitas vezes uma perspectiva de interiores é combinada com um corte, reunindo em um mesmo desenho as atividades que poderão ocorrer, a maneira como a edificação será construída e as relações entre os espaços internos. Estes cortes perspectivados fazem com que o observador consiga ler o espaço de maneira mais completa, associando a edificação com as possíveis experiências das pessoas.

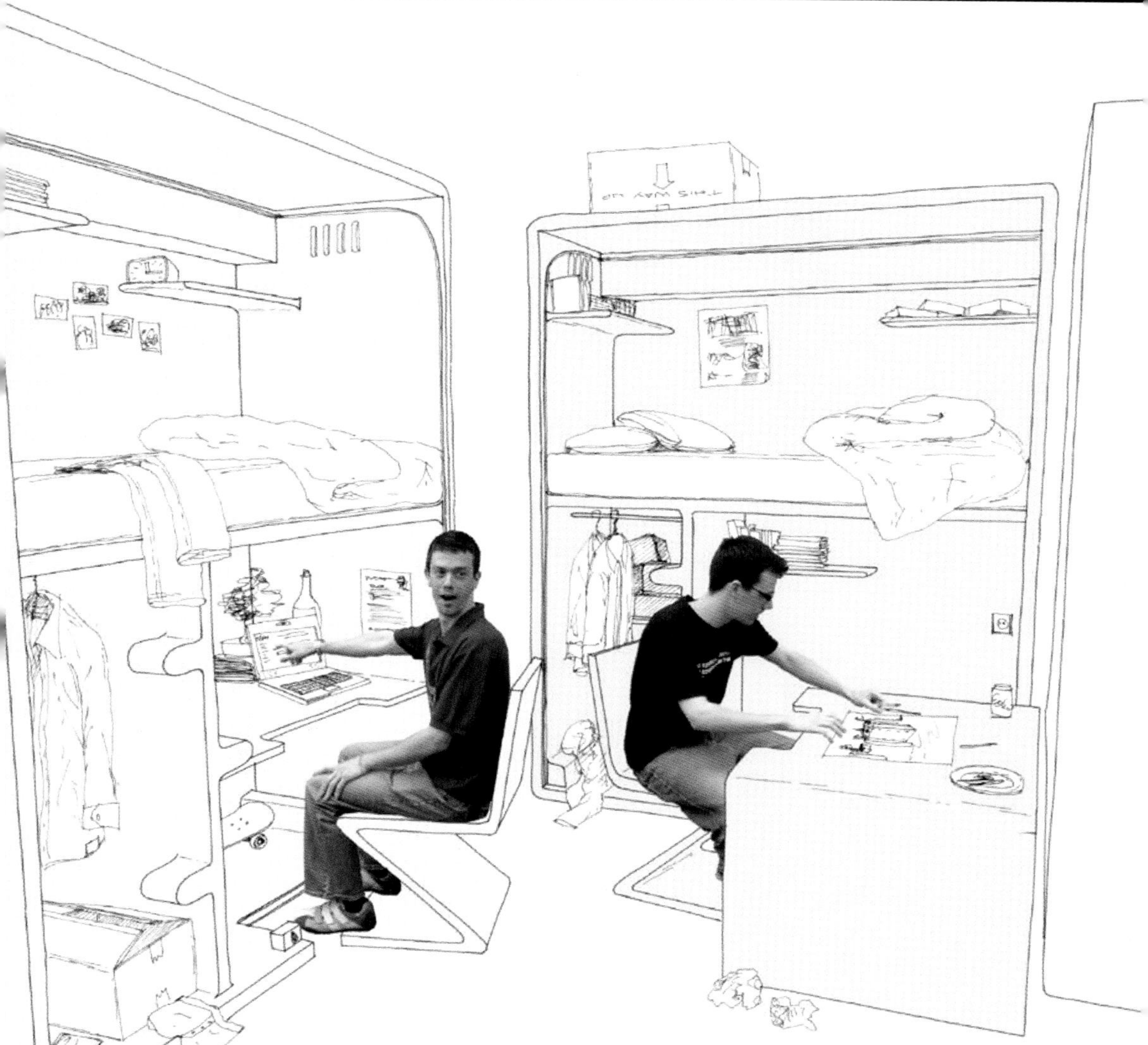

Escalas da edificação

A descrição exata de uma edificação exige o uso de várias escalas, mas a seleção da escala adequada dependerá do tamanho total da edificação. Uma casa pequena pode ser representada na escala de 1:50, que mostrará (de maneira relativamente detalhada) a edificação e o leiaute sugerido para o mobiliário. No entanto, esta escala de 1:50 seria inadequada para representar uma casa ou edificação de tamanho maior – ela ficaria melhor na escala de 1:100, no mínimo. Já um empreendimento maior, como um edifício de apartamentos, exigirá uma escala mínima de 1:200, e se sua área externa e o contexto imediato forem importantes, é possível empregar a escala de 1:500 (embora esta escala seja um tanto diagramática).

Desenhos de uma edificação

O conjunto de desenhos de uma edificação deve conter informações suficientes para que o leitor compreenda todas as relações espaciais da proposta, bem como os detalhes de seu leiaute interno. É importante apresentar o leiaute do mobiliário previsto em uma proposta de projeto, pois isto permite entender melhor como o espaço provavelmente será utilizado. O jogo de desenhos deve descrever a edificação completa como uma série de recintos, além de indicar suas funções associadas.

Estes desenhos de uma edificação serão organizados em grupos, permitindo que diferentes tipos de informação sejam descritos e aprofundados. Por exemplo, uma planta de teto projetado descreverá o leiaute das luminárias e de outros dispositivos elétricos e sua localização no teto de um cômodo. Outros leiautes poderão descrever as configurações de mobiliário, as fiações elétricas do prédio ou os sistemas de calefação, refrigeração e ventilação. Cada tipo de informação deverá ser descrito em um desenho específico, conferindo clareza e precisão ao projeto de cada um dos sistemas que compõem a edificação.

A mudança de escalas

O projeto de uma edificação normalmente começa com uma análise do terreno e de sua localização e depois passa para o contexto imediato. A seguir, será desenvolvido o leiaute da edificação, certificando-se de que ele esteja coerente com todos os aspectos referentes às circulações, vistas e orientações. Por fim, são analisados detalhadamente os materiais, os componentes e as técnicas de construção.

Em cada etapa do projeto de arquitetura mudamos de escala. Os desenhos de situação são feitos na escala de 1:1.250, por exemplo. Na etapa seguinte, os desenhos serão mais detalhados, descrevendo a forma do prédio e seu relacionamento com o terreno – estes desenhos de localização são elaborados na escala de 1:500. Os leiautes de uma edificação são feitos nas escalas de 1:200 e 1:100, a fim de facilitar a compreensão das relações entre recintos, espaços, funções e conexões com áreas externas.

Todos estes desenhos podem ser elaborados simultaneamente, e, em alguns casos, isso é preferível, pois certos desenhos (como plantas e cortes) devem ser constantemente comparados ao longo do desenvolvimento, da atualização e da execução de um projeto de arquitetura.

Uma grande edificação deve começar com o imensurável, passar por meios mensuráveis durante o seu projeto e, no final, se tornar mais uma vez imensurável.
Louis Kahn

Escalas da edificação

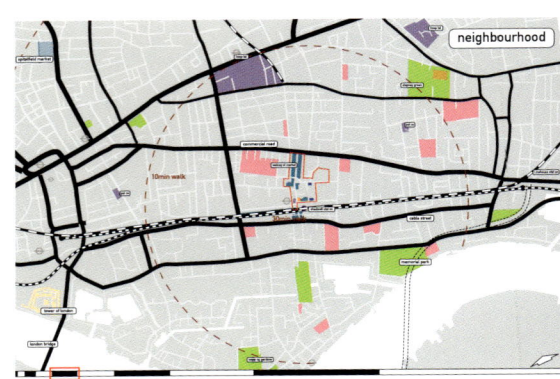

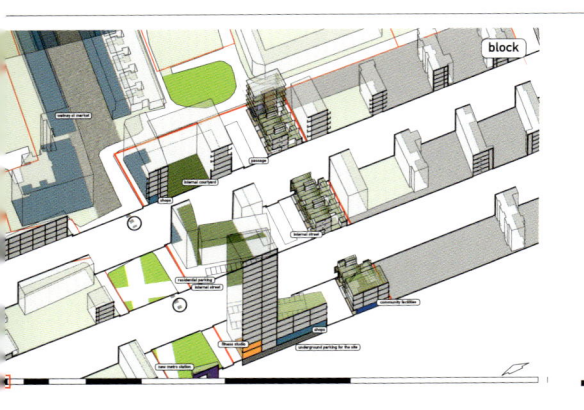

Escala

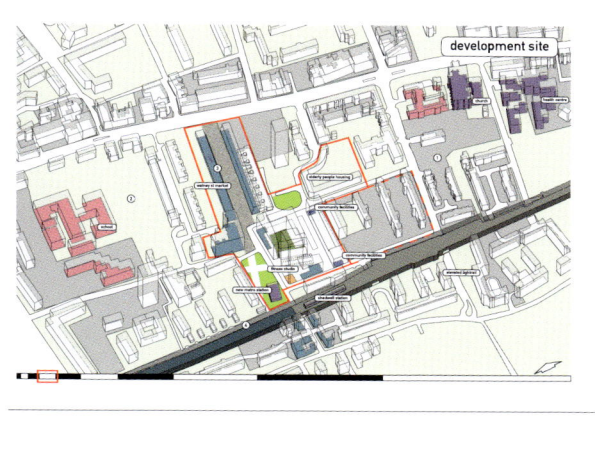

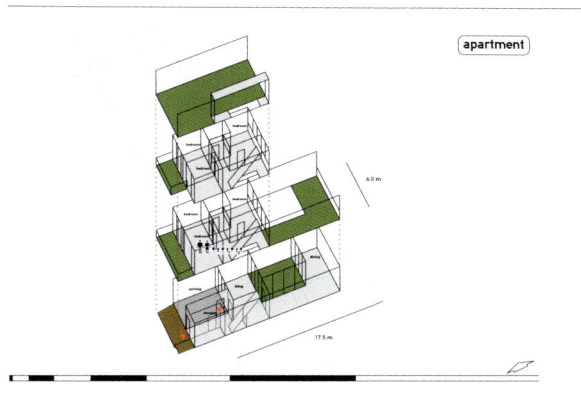

Projeto: Projeto de renovação urbana Tarling
Localização: Londres, Inglaterra
Projetista: S333 Architecture
Data: 2005

Esta série de desenhos ajuda a explicar as várias escalas necessárias para comunicar plenamente uma ideia de arquitetura. O primeiro desenho é um mapa (criado na escala urbana). Os desenhos subsequentes incorporam mais detalhes sobre o projeto de arquitetura, oferecendo informações sobre o entorno, o bairro, o terreno, os edifícios de apartamentos e, por fim, o leiaute de cada apartamento (mostrado em uma escala apropriada para interiores). As maquetes eletrônicas apresentadas também ajudam a descrever o projeto.

Escala urbana

Google Earth

Em 1977, Charles e Ray Eames investigaram o conceito de escala e apresentaram suas descobertas no filme *Potências de Dez*. Este curta metragem de nove minutos é um estudo da escala negativa dos objetos e espaços. Partindo da imagem de duas pessoas fazendo um piquenique, o filme transporta o observador aos limites do universo conhecido. A cada 10 segundos o local do piquenique é visto a uma distância 10 vezes maior, até que nossa própria galáxia se torna um mero ponto de luz. Na viagem de retorno, as imagens são reduzidas à razão de 10 vezes a cada 10 segundos, até que o espectador vê a mão de um dos personagens. A viagem termina dentro de um próton de átomo de carbono, dentro de uma molécula de DNA de um leucócito.

Hoje, a Internet oferece um recurso similar: o programa Google Earth, do Google (www.googlewarth.com).

Com este programa, as coordenadas de qualquer lugar do mundo podem ser encontradas, visualizando-se a imagem com a quantidade de informações que estiver gravada no sistema. Em muitas áreas urbanas, as imagens são detalhadas; em outros lugares, são mostradas apenas as linhas gerais. O programa pode ser utilizado para estudos de viabilidade de projetos, substituindo outros mapas.

As cidades contêm uma variedade de edificações e espaços (como parques, escolas, lojas, edifícios de apartamentos e hospitais) reunidos por redes de infraestrutura (como vias de veículos e ferrovias). Para ver e entender como todas estas edificações (ou espaços) e vias se conectam, é necessário o uso da escala que os cartógrafos e planejadores urbanos utilizam: a escala urbana (ou dos mapas de cidade). Os mapas de bairros e cidades geralmente são elaborados nas escalas de 1:10.000, 1:5.000 e 1:2.500.

Quando desenhamos na escala urbana, a decisão sobre o que incluir e o que omitir é de suma importância. Um mapa é uma imagem composta e, como tal, deve incluir apenas o necessário para seu sistema particular de referência.

O uso da escala urbana nos desenhos de arquitetura permite uma análise mais profunda do terreno, uma vez que a localização deste pode ser descrita em termos de suas relações com outros aspectos da cidade. Muitas das edificações e dos espaços de uma cidade fazem parte de uma "estratégia" urbana, um conceito de projeto conectado ao entorno que se revela aos poucos por toda a cidade, conectando diferentes espaços, edificações e bairros.

Alguns prédios são projetados em grande escala, incluindo parques ou passeios ou mesmo sugerindo novas maneiras de viver na cidade. Para descrever estas ideias e estes conceitos, é necessário o desenho de toda uma área ou parte da cidade na escala urbana de 1:1.000 ou 1:2.500.

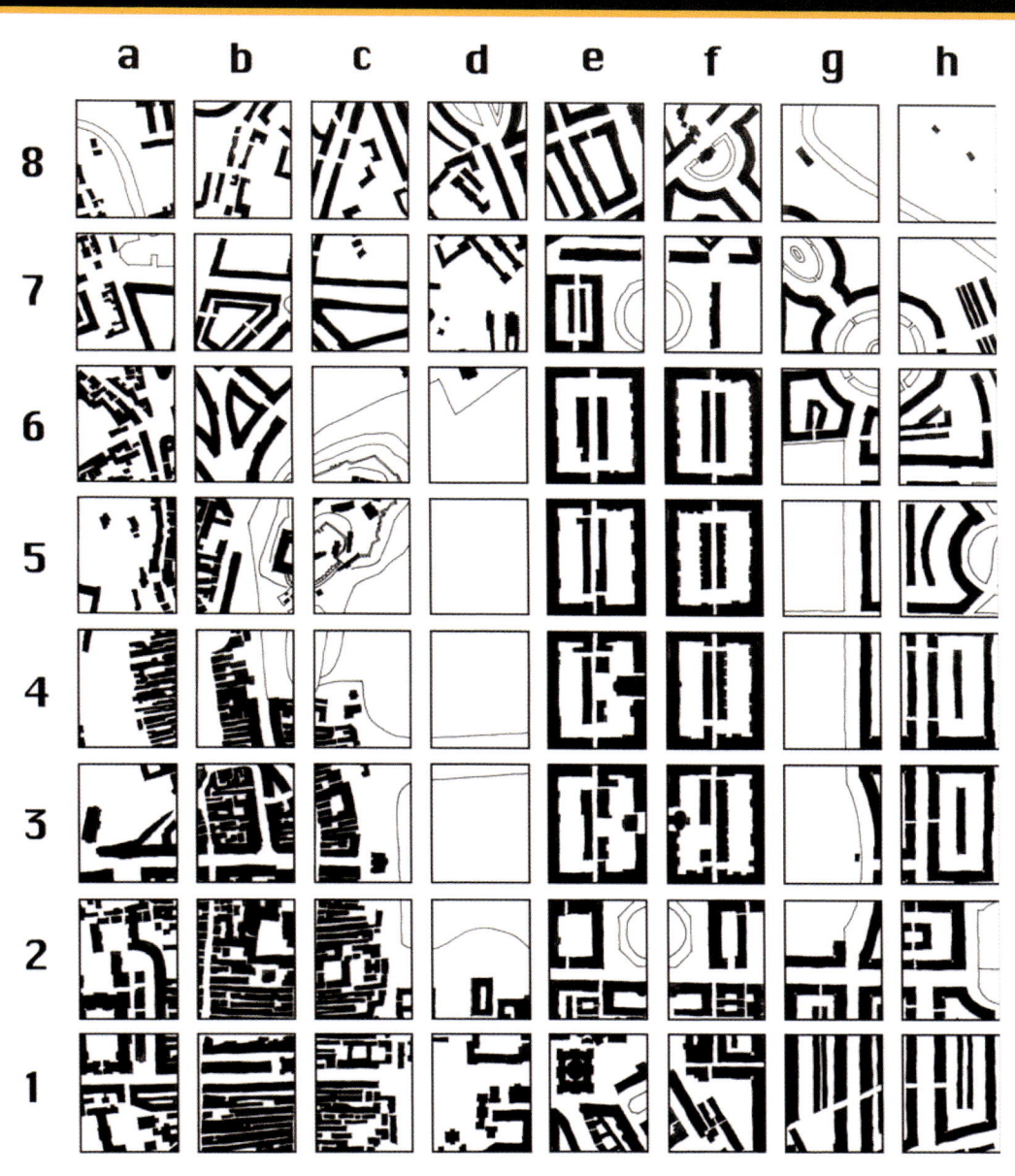

Projeto: Mapeamento de Edimburgo
Localização: Edimburgo, Escócia
Projetista: David Mathias
Data: 2004

Esta série de imagens descreve Edimburgo como uma espécie de mapa abstrato. A técnica de mapeamento figura e fundo é utilizada para descrever as edificações como blocos sólidos e os espaços entre elas como vazios. Um sistema de referência em grelha também é empregado para ajudar na localização das edificações individuais no mapa.

Escala urbana

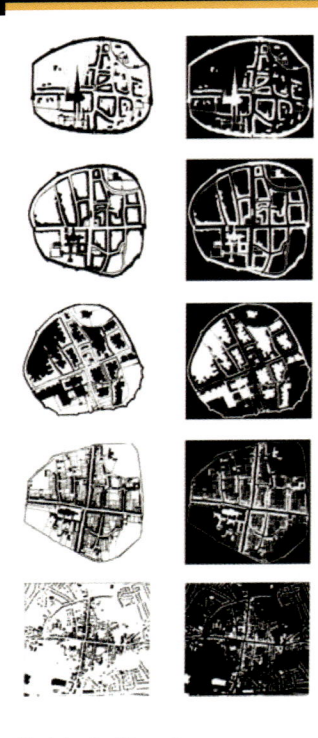

Projeto: Análise urbana com a técnica de figura e fundo
Localização: Chichester, Inglaterra
Projetista: Khalid Saleh
Data: 2007

Estes mapas analisam o centro da cidade de Chichester. O uso de imagens negras sobre um fundo branco e de imagens inversas (branco sobre preto) cria um contraste e permite uma fácil compreensão dos espaços entre os prédios e da densidade dos prédios na planta da cidade.

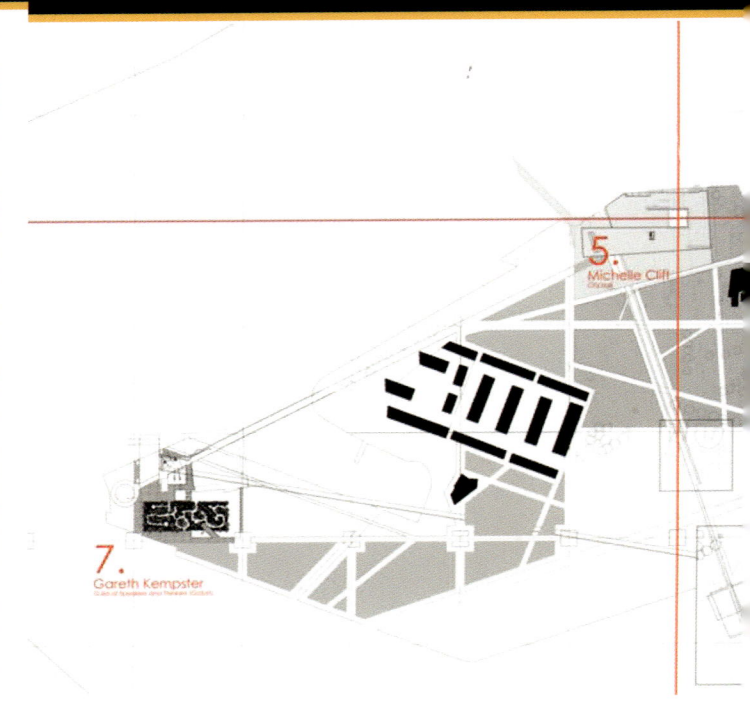

Mapeamento com figura e fundo

Giambattista Nolli, cartógrafo do século XVII, descreveu as características dos espaços de Roma por meio de uma técnica chamada mapeamento com figura e fundo. Esta técnica representa as edificações como blocos sólidos e os espaços urbanos como áreas em branco (ou vazias). A técnica de figura e fundo é particularmente útil quando analisamos uma área buscando entender a densidade de seus espaços urbanos.

Mapas e mapeamento

Mapeamento é um termo genérico utilizado em arquitetura para descrever o processo de localização relativa de um espaço ou terreno. Um local pode ser "mapeado" por meio de diagramas, maquetes ou desenhos.

A situação de um terreno é o ponto de partida da maioria das intervenções de arquitetura; assim, um mapa de situação geralmente é a primeira imagem descritiva dos projetos de arquitetura. Informações como a situação do terreno na cidade, a orientação do terreno ou a existência ou não de elementos geográficos interessantes no entorno são encontradas em uma planta de situação, sugerindo considerações importantes para um projeto (uma vez que a proposta pode responder às edificações e aos equipamentos existentes na área).

As plantas de situação geralmente são feitas na escala de 1:1.250 ou 1:1.000. A escala de 1:500 às vezes também é utilizada para mostrar detalhes do contexto imediato do terreno e do entorno, especialmente em zonas urbanas.

Projeto: Plano diretor urbano
Localização: Roterdã, Países Baixos
Projetistas: The European Studio, University of Portsmouth, Inglaterra
Data: 2007

O European Studio desenvolveu uma estratégia de planejamento urbano para uma "área em ilha" no sul de Roterdã. O mapa dá uma ideia geral do plano diretor, que utiliza uma quadrícula para regularizar a ilha. Foi empregada a técnica de figura e fundo para ressaltar os espaços livres e a forma das edificações.

Desenhos sem escala

Os desenhos feitos "sem escala" (S/E) são, como sugere o nome, criados quando a escala não é necessária para explicar uma ideia ou um conceito. Quando um desenho ou uma maquete for de conceito, a escala será irrelevante, pois o mais importante será a forma, a ideia e os materiais. A escala oferece referências comparativas, assim, elaborar desenhos ou maquetes sem escala permite outros tipos de consideração, com a investigação do projeto de arquitetura utilizando outros parâmetros. As técnicas de representação sem escala mais utilizadas são desenhos de conceito, maquetes de estudo, croquis, fotomontagens e colagens.

Desenhos de conceito

Especialmente adequados nas etapas iniciais de um projeto, quando estamos desenvolvendo um conceito ou fazendo estudos preliminares, os desenhos de conceito permitem que o arquiteto trabalhe rapidamente com diferentes ideias. O conceito pode ser desenvolvido por meio de diagramas ou croquis ou mesmo das formas, dos volumes ou pelo estudo dos materiais de uma maquete.

Na etapa de elaboração do conceito de um projeto de arquitetura, qualquer coisa pode contribuir para o desenvolvimento do projeto: processos mentais ou análises físicas da forma e da materialidade.

Projeto: Rough Grounds
Localização: Gloucestershire, Ingl.
Arquiteto: Pierre d'Avoine Architects
Data: 2006

Esta casa faz parte de um grupo integrado a um projeto rural maior, de um centro equestre, concebido como uma iniciativa para diversificação da zona rural. A imagem em perspectiva mostra a casa vista por trás das árvores. O terreno faz parte de uma área de proteção ambiental de Categoria I na Fazenda Westonbirt, em Gloucestershire. As casas Octagon, Belvedere e a casa do guarda florestal foram projetadas com escolas e estábulos interiores e exteriores inseridos em clareiras da área de reflorestamento conhecida como Rough Grounds. A perspectiva mostra uma vista do prédio parcialmente encoberto pelas árvores.

"Pensar de modo simples", como meu velho mestre dizia, significa reduzir o conjunto das partes aos termos mais simples, voltando aos princípios fundamentais.
Frank Lloyd Wright

Desenhos sem escala

Maquetes de estudo

A investigação de uma proposta de arquitetura por meio da modelagem e da escultura permite que a forma seja desenvolvida com a manipulação de volumes, planos, linhas e arestas. Este processo de projeto tira partido das propriedades do material de modelagem para criar formas de arquitetura. A escala, a princípio, não é importante. As maquetes de estudo são, sem dúvida, orientadas pela ideia de que a forma de uma edificação segue sua função.

Croquis

A maior parte dos croquis não é feita em escala. Estes desenhos são elaborados para fins de observação, estudo e desenvolvimento de ideias de arquitetura. Esta é a vantagem dos croquis: eles permitem que você investigue um problema de projeto de maneira visual e desenvolva respostas pela iteração. De maneira similar, os diagramas utilizados para a análise de edificações e terrenos não precisam estar em escala; muitas vezes, eles comunicam uma ideia ou compreensão específica de um prédio ou espaço e, portanto, a escala é irrelevante.

Fotomontagens e colagens

Os trabalhos com fotomontagem ou colagem não são criados em uma escala particular, pois a intenção dessas formas de representação é a comunicação de uma ideia de arquitetura. Tais estudos e apresentações artísticas nos oferecem a oportunidade de explorar visualmente uma ideia de maneira dinâmica e sugerir cenários e situações possíveis e impossíveis.

**Projeto: Conjunto habitacional popular da Wansey Street
Localização: Londres, Inglaterra
Arquiteto: dRMM
Data: 2005**

O projeto do conjunto habitacional popular da Wansey Street reinterpreta a casa em fita típica da Grã-Bretanha, aplicando-lhe as exigências do século XXI quanto à densidade populacional, flexibilidade de planejamento, sustentabilidade, propriedade e segurança. A proposta do dRMM acompanha o arranjo escalonado dos blocos contíguos, com escadas e rampas levando a um nível de jardins aproximadamente um metro abaixo do nível da rua.

Esta perspectiva dá uma ideia do pátio de fundos e também descreve as elevações posteriores do conjunto proposto, assim como a relação entre a arquitetura e o projeto de paisagismo.

Exercício 2: escala

Este exercício será de medição e proporção. Em primeiro lugar, você medirá e desenhará objetos em tamanho real, para entender melhor como o tamanho desses objetos é alterado à medida que são representados em diferentes escalas. Use as seguintes escalas:

1:2 (metade do tamanho real)
1:20 (um vigésimo do tamanho real)
1:200 (duzentas vezes menor que o tamanho real)

Observe que as escalas utilizadas aumentam à razão de 10.

Croquis em escala
Projetista: Nicola Crowson

Um exercício útil para entender melhor as escalas é desenhar um objeto no seu tamanho real (sua escala real) e então redesenhá-lo sucessivas vezes em escalas diferentes. Em cada etapa, a representação do objeto se tornará cada vez menor e o espaço que o circunda ficará mais evidente. Neste exercício, o objeto é enquadrado em diferentes escalas.

O uso da escala adequada

1. Desenhe uma quadrícula ocupando toda uma página de seu caderno de croquis. Os quadrados devem ter 1cm de lado.

2. Agora escolha um objeto para desenhar e coloque-o sobre uma mesa. Você pode usar um vaso, uma xícara, um estojo ou qualquer outra coisa que não seja maior do que 1/3 da folha do seu caderno de croquis.

3. Utilizando uma trena de três metros, tome as medidas do seu objeto. Agora use a quadrícula do caderno para desenhar uma planta baixa (um plano horizontal que corta o objeto) em escala real (escala de 1:1), uma elevação (uma vista frontal, lateral direita ou esquerda ou posterior) e um corte (um plano vertical que corta o objeto) de seu tema.

4. Em outra folha, faça uma nova quadrícula com quadrados de 1cm de lado. Agora, os quadrados terão um valor diferente daquele da primeira quadrícula. Na primeira quadrícula, você pode registrar em cada quadrado as informações constantes em 1cm do objeto; nesta quadrícula, você precisará incluir o dobro de informações do objeto em cada quadrado (ou seja, 2cm do objeto).

5. Agora desenhe a planta, o corte e a elevação do objeto nesta segunda quadrícula, utilizando a escala de 1:2. Os desenhos resultantes corresponderão à metade do tamanho real do objeto (1:2).

6. Em outra folha, desenhe mais uma quadrícula com quadrados de 1cm de lado.

7. A seguir, desenhe a planta, o corte e a elevação do objeto na escala de 1:20 – cada quadrado representará 20cm do objeto. Agora você deverá incluir mais informações sobre o entorno do objeto, como a mesa, o recinto e qualquer outro detalhe do entorno.

8. Faça uma nova quadrícula de 1cm em outra folha.

9. Desenhe uma planta e um corte do objeto na escala 1:200. Cada quadrado equivale a 200cm (ou seja, dois metros), assim, o desenho incluirá ainda mais informações: o objeto, a mesa e o espaço circundante.

Cada um destes desenhos é 10 vezes menor do que o anterior. A quadrícula permaneceu idêntica, com quadrados de 1cm, mas cada desenho se tornou relativamente menor, apresentando o nível de detalhes e informações relevante a cada uma das escalas empregadas.

Técnicas de representação

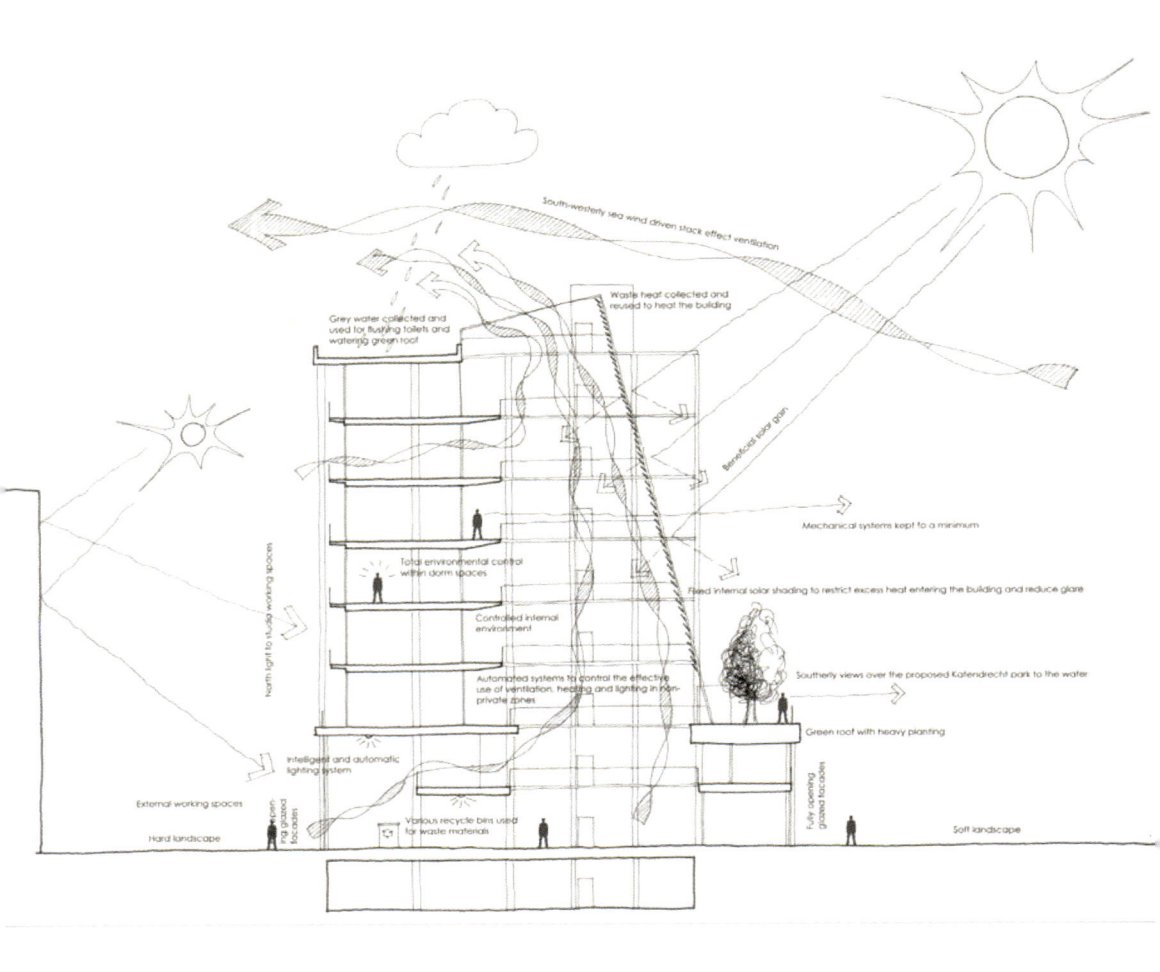

Projeto: Proposta de dormitório
para estudantes
Localização: Roterdã,
Países Baixos
Projetista: Jeremy Davies
Data: 2007

Este projeto habitacional propõe um bloco de nove pavimentos que responde às condições climáticas locais (com bastante vento) e tira partido da orientação (como um prédio orientado para o sul, no hemisfério norte), aproveitando a calefação passiva produzida por um átrio envidraçado.

O corte explica todos os aspectos da proposta; ele insere a edificação em seu terreno e contexto, e descreve sua orientação e as relações internas criadas pelo átrio.

A descrição de uma proposta de arquitetura por meio de uma série de desenhos representa um desafio interessante. As informações constantes nos desenhos devem ser ao mesmo tempo precisas e interrelacionadas, para contar a história do prédio e comunicar a proposta de maneira clara, utilizando um sistema internacionalmente reconhecido e entendido. Projeções ortogonais ou ortográficas são imagens bidimensionais que devem ser lidas e interpretadas como uma edificação ou um espaço tridimensional.

A projeção ortogonal é um sistema de vistas bidimensionais de um prédio relacionadas entre si. Este sistema inclui vistas de cima ou cortes horizontais de uma edificação (as plantas), vistas das fachadas (as elevações) e vistas de "fatias" ou seções verticais (os cortes). Estes desenhos podem ser denominados em conjunto como "as plantas" e incluirão todas as plantas baixas, a planta de cobertura, todas as elevações e a série de cortes que explicam as relações internas e externas do prédio.

O propósito destes desenhos é descrever de maneira técnica como uma ideia conceitual se concretizará. A planta baixa é desenhada em primeiro lugar e depois são feitos os cortes e as elevações a partir dela. O uso de CAD permite o desenho cuidadoso de diferentes camadas ou *layers*, garantindo o alinhamento perfeito entre a planta baixa do pavimento térreo e os demais pisos. Este jogo de desenhos deverá ser impresso (plotado), para que plantas, cortes e elevações sejam vistos lado a lado.

A leitura correta de plantas, cortes e elevações é uma habilidade que se desenvolve com a prática, e a compreensão das convenções de desenho e dos símbolos utilizados também faz parte deste aprendizado. Este capítulo mostra como as convenções de plantas, cortes e elevações são empregadas para descrever ideias de arquitetura e projetar edificações e estruturas.

Plantas

A planta baixa é uma projeção ortogonal de um objeto tridimensional tomada a partir de um plano de corte horizontal. Em outras palavras, uma planta baixa é um corte visto de cima. Quando falamos em plantas, também podemos nos referir a outros desenhos, como as plantas de situação, localização ou cobertura. O processo de projeto de arquitetura é iterativo e complexo e seu resultado final inclui as várias plantas.

Um projeto de arquitetura evolui à medida que suas plantas são desenhadas e redesenhadas várias vezes, reposicionando elementos como aberturas (portas e janelas) ou mudando os espaços e suas conexões com os recintos contíguos. A elaboração das plantas é a parte mais volátil da atividade projetual; aquilo que inicia como um diagrama de espaços e formas com funções associadas se torna cada vez mais refinado com a evolução do projeto.

Projetar arquitetura exige uma compreensão e apreciação das relações entre os diferentes espaços dentro de uma edificação ou estrutura. O primeiro passo para isso é produzir um desenho geral, que inclua toda a edificação. Este desenho será composto de uma série de cômodos e espaços conectados por circulações (escadas, elevadores e corredores, entre outros).

Uma vez elaborada a planta geral do prédio, seus cômodos individuais deverão ser projetados em detalhes, introduzindo móveis, portas e outros elementos. À medida que as plantas baixas de cada cômodo são resolvidas, a planta baixa de todo o pavimento provavelmente exigirá ajustes durante o refinamento das relações entre as partes do prédio, seus cômodos, suas funções e o uso de materiais, geometrias, simetrias e circulações.

Projeto: Casa Chattock
Localização: Newport, País de Gales
Arquiteto: John Pardey Architects
Data: 2007

O terreno desta casa situa-se no lado norte do estuário de Newport, no Parque Nacional de Prembokeshire, na extremidade ocidental da costa do País de Gales, no Reino Unido. As plantas ao lado mostram a implantação do terreno no contexto imediato (planta de situação) e da casa no terreno (planta de localização), incluindo as edificações do entorno e a paisagem. A planta maior, de localização, mostra mais detalhes da paisagem em volta da casa e as curvas de nível sugerem a declividade do terreno.

70 | 71

os map @ 1:2500

extent of model

Plantas

Convenções de desenho

No desenho de plantas, são empregadas convenções gráficas para a descrição do leiaute. O uso destas convenções suprime a necessidade da inclusão de notas para explicar os desenhos.

Variações nas espessuras de linha são utilizadas para indicar diferentes graus de solidez e permanência nas plantas. Uma linha grossa sugere mais permanência ou um material pesado (assim, pode ser empregada para representar uma parede de alvenaria), enquanto uma linha fina indica uma condição mais provisória ou um material leve (sugerindo um móvel temporário, por exemplo).

Por fim, as plantas sempre devem incluir setas de norte, pois elas permitem entender as relações da edificação proposta com seu terreno e a orientação, e como a iluminação natural afetará os diferentes espaços.

As convenções de desenho devem ser respeitadas, e as plantas precisam usá-las de maneira consistente. No entanto, alguns arquitetos às vezes adotam abordagens mais personalizadas à aplicação dos símbolos e aos tipos de informação incluída em seus desenhos, o que resulta em estilos de representação gráfica característicos, ainda que não sejam universais.

Projeto: Museu de Arte e Arquitetura de Nanjing
Localização: Nanjing, China
Arquiteto: Steven Holl Architects
Data: 2006

Este novo museu, situado próximo a Nanjing, na China, é composto de um "campo" de espaços em perspectiva e muros paralelos (como se observa na planta de localização acima). A galeria superior do museu, que está suspensa nas alturas, se desenvolve no movimento horário e culmina em uma vista voltada para a cidade de Nanjing, à distância.

Na página anterior vemos a planta baixa do pavimento térreo do museu.

Tipos de planta

Um projeto de arquitetura exige vários tipos de planta. Uma planta baixa é um corte horizontal feito na edificação (o plano de corte passa pelas paredes, janelas e portas) a cerca de 120cm do plano do piso. Uma planta baixa revela as relações entre espaços internos e externos, entre os cômodos, os elementos internos dos cômodos (o leiaute) e os materiais que compõem o prédio.

A planta baixa do pavimento térreo deve mostrar a entrada da edificação e sua relação com os espaços externos e jardins. As plantas baixas dos demais pavimentos, se estes existirem, como do segundo e do terceiro pavimento, indicam de maneira clara escadas e conexões entre os diferentes níveis. Quando as plantas baixas forem repetitivas (pavimentos tipo), como ocorre em muitos edifícios de apartamentos ou escritórios, uma única planta baixa dos pavimentos superiores será mostrada para todo o prédio.

A planta de cobertura deve indicar o caimento dos planos de cobertura e os beirais existentes; ela pode ser mostrada separadamente ou estar na mesma prancha da planta de localização.

A planta de situação é empregada para indicar a edificação no contexto de seu terreno ou entorno imediato. Ela deve descrever com clareza a implantação da edificação proposta em relação a todas as características geográficas ou físicas importantes do contexto, como os logradouros da área e edificações públicas significativas.

A planta de localização (também chamada planta de locação) apresenta uma descrição da edificação no contexto de seu terreno e inclui os prédios existentes nele e outros elementos significativos, como vias, passeios, árvores e outras formas de vegetação. A planta de localização mostra estes elementos em mais detalhes do que a planta de situação. Às vezes, a planta de localização está combinada com a planta baixa do pavimento térreo.

Plantas

Alinhamento de plantas

É crucial que todas as plantas de uma proposta ou de um projeto de arquitetura estejam alinhadas entre si. Quando você desenhar as plantas à mão e desenvolver seu projeto, desenhe-as em várias folhas de papel manteiga; assim elas podem ser sobrepostas, de modo a garantir que todas as plantas estejam perfeitamente alinhadas.

Quando utilizamos programas de CAD, as plantas baixas são desenhadas umas sobre as outras, o que garante alinhamentos perfeitos. Estes programas também possuem recursos que possibilitam a repetição de plantas baixas e sua visualização simultânea. Em outras palavras, os desenhos existem como uma série de camadas dentro do programa, e cada planta baixa é desenhada em uma camada distinta. Isto permite que as plantas sejam reproduzidas e alteradas rapidamente.

Também é importante garantir que todas as plantas estejam na mesma posição em relação à seta de norte (ou pelo menos na medida do possível); assim, todas as plantas devem ser apresentadas com a mesma orientação dentro das pranchas, para evitar confusão quando lidas juntas.

Projeto: Escola de Arte e História da Arte, University of Iowa
Localização: Iowa, Estados Unidos
Arquiteto: Steven Holl Architects
Data: 2006

A Escola de Arte e História da Arte da University of Iowa é uma edificação híbrida com limites e centro abertos. Em vez de ser um objeto, o prédio é um instrumento "amorfo". Planos retos e curvos se encaixam ou são compostos com elementos articulados. Nas estações quentes do ano, espaços de uso flexível conectam os ateliês às áreas externas e as principais passagens horizontais são locais de encontro com paredes de vidro, que deixam à vista os trabalhos sendo realizados.

Esta série de plantas baixas evidencia as relações dos diferentes pavimentos entre si, bem como com o terreno e a paisagem do entorno.

74 | 75

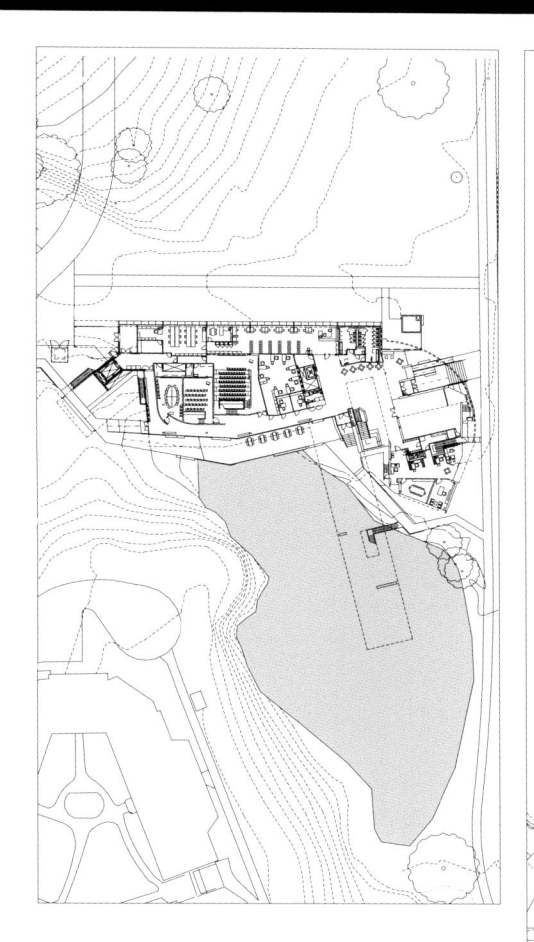

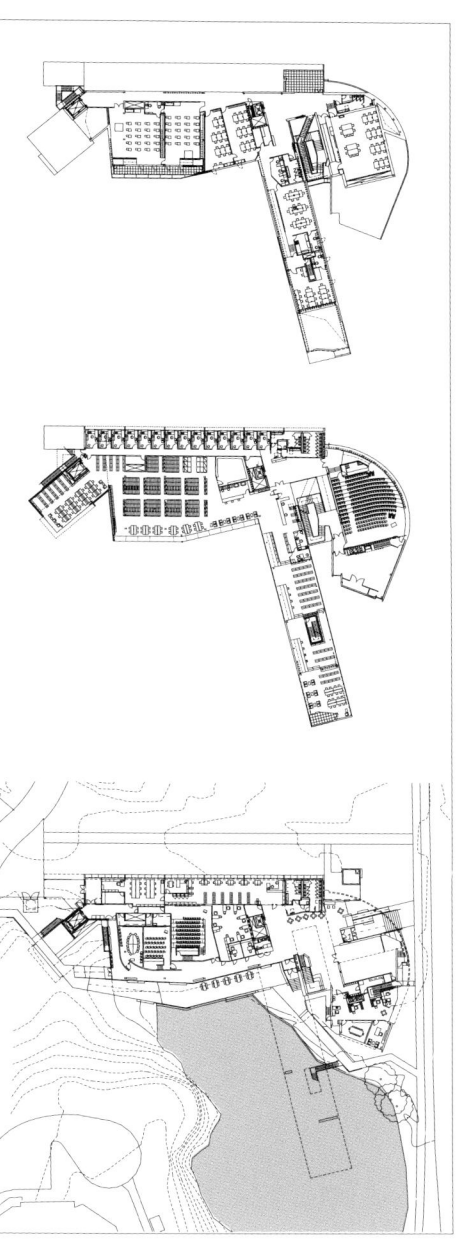

Plantas · Cortes

Plantas

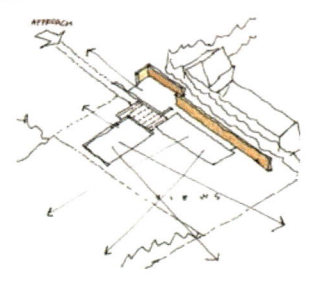

Projeto: Casa Duckett
Localização: New Forest, Inglaterra
Arquiteto: John Pardey Architects
Data: 2005

Esta série de desenhos mostra um croqui perspectivo do conceito de arquitetura (acima) que explica a relação dos elementos da edificação, a planta de localização (à direita) e as plantas baixas dos pavimentos térreo e segundo, mais detalhadas (página ao lado).

Implantada em uma área protegida, esta casa privada busca uma aparência contemporânea que mantenha uma relação íntima com seu contexto delicado. O conceito se baseia na ideia de criar uma arquitetura que respeite as edificações vernaculares ao evitar uma forma única em favor de uma composição de elementos menores. Assim, a casa se divide em três áreas: zona social (com gabinete), zona de estar da família e zona íntima. Estas zonas são utilizadas para formar três volumes inter-relacionados com paredes externas brancas e revestidas de cedro na parte superior. Uma chaminé central amarra a composição e se eleva sobre o telhado de zinco, material que evoca as telhas tradicionais de ardósia.

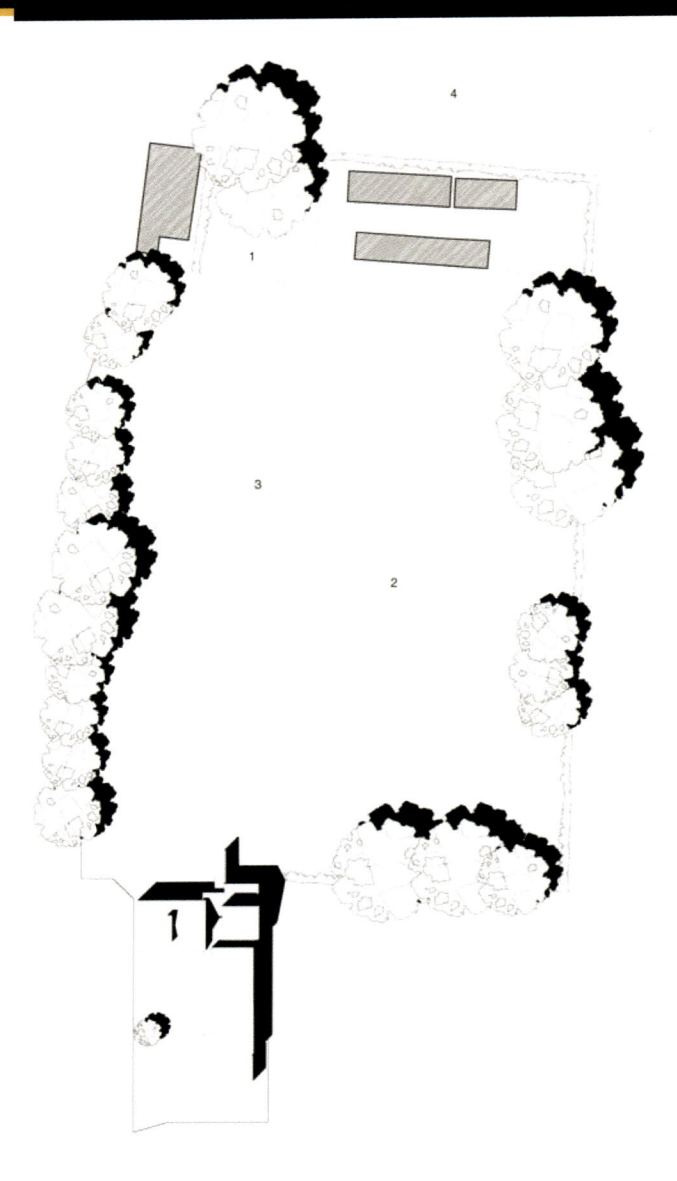

Plantas › Cortes

Cortes

O corte é uma projeção ortogonal de um objeto tridimensional sobre um plano vertical que o seciona. Em outras palavras, é uma seção vertical de uma edificação. Os cortes estão entre os desenhos mais úteis e esclarecedores feitos durante o desenvolvimento e a apresentação de um projeto de arquitetura. Assim como todos os desenhos bidimensionais, os cortes são representações abstratas. Na verdade, seria inviável e impossível fazer um corte real em uma edificação para revelar suas relações internas, então, uma analogia útil é imaginar o corte de algo que realmente podemos fatiar. Por exemplo, se você cortar uma fruta, como uma maçã, ficará imediatamente claro que sua casca é muito fina e sua polpa é relativamente sólida e densa, mas se cortar uma laranja, encontrará uma casca mais espessa que protege um interior mais macio.

Projeto: Museu de Arte e Arquitetura de Nanjing
(página seguinte, acima)
Localização: Nanjing, China
Arquiteto: Steven Holl Architects
Data: 2006

Este corte mostra a relação entre o museu e sua paisagem. Parte do prédio está encravada no terreno, e a galeria superior se eleva sobre o corpo, permitindo vistas de todo o entorno.

Os cortes evidenciam as relações entre o interior e o exterior de uma edificação e as relações entre os cômodos. Eles também mostram a espessura das paredes e suas relações com os elementos internos, a cobertura, os muros junto às divisas do terreno, os jardins e outros espaços externos.

Sem o auxílio dos cortes, as plantas de uma edificação apenas sugerem arranjos espaciais. Contudo, quando lemos os cortes junto com as plantas, as alturas de tetos (pés-direitos), portas, janelas e espaços com pés-direitos duplos ou mezaninos podem ser descritas e explicadas. Juntos, cortes e plantas permitem uma melhor compreensão da imagem tridimensional de uma edificação.

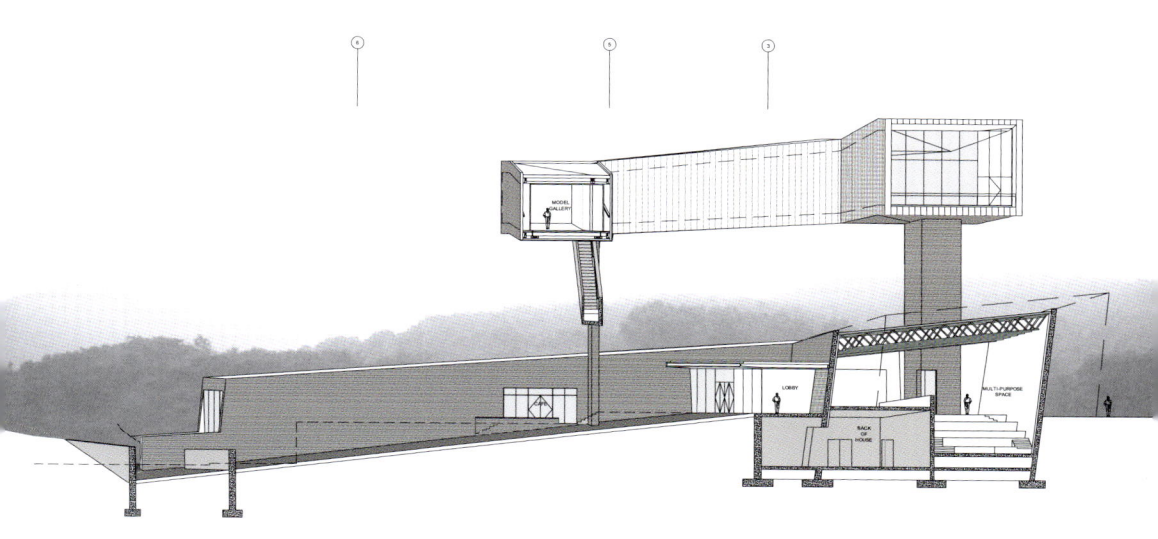

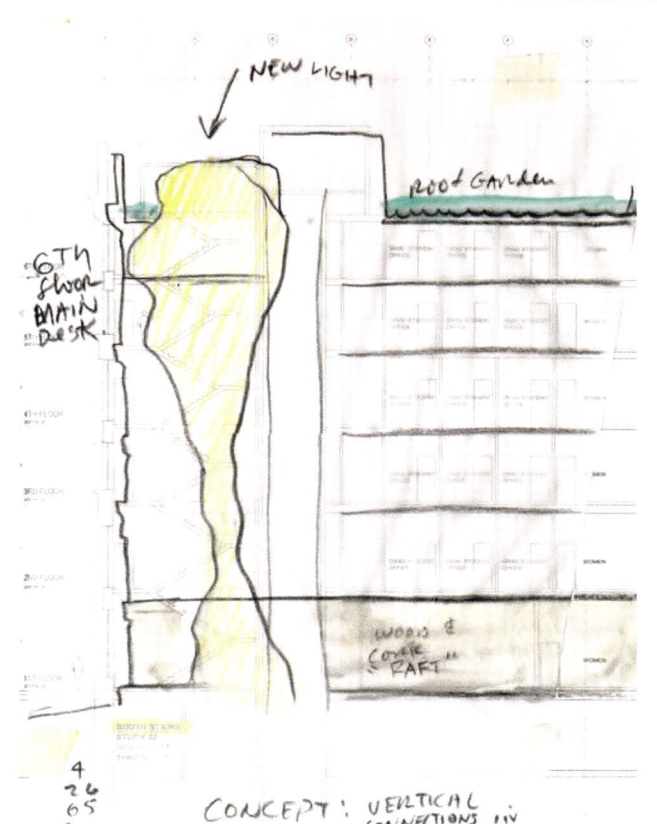

Projeto: New York University
Localização: Nova York, EUA
Arquiteto: Steven Holl Architects
Data: 2007

Este corte conceitual foi elaborado como parte de uma proposta de projeto para a renovação do interior de um edifício de esquina da New York University, de 1890. O conceito organiza os novos espaços a partir de uma nova fonte de iluminação zenital e das propriedades visuais dos materiais. A nova caixa de escada sob a claraboia proposta conecta verticalmente o prédio de seis pavimentos por meio de um jogo dinâmico de luz e sombra que varia sazonalmente. O pavimento térreo, uma área comunitária para toda a universidade, contém um novo auditório de madeira curvilíneo, com piso de cortiça.

Cortes

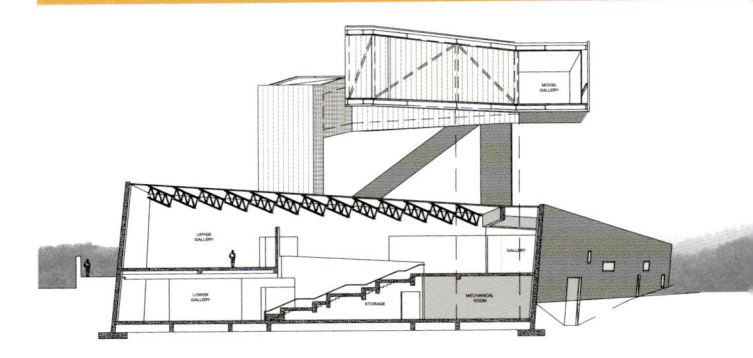

Projeto: Museu de Arte e Arquitetura de Nanjing
Localização: Nanjing, China
Arquiteto: Steven Holl Architects
Data: 2006

Este corte longitudinal descreve a relação entre as várias galerias e a área com depósito e casa de máquinas do bloco inferior do museu. O bloco elevado abriga uma galeria de maquetes.

Cortes longitudinais e transversais

Assim como ocorre com as plantas baixas, a elaboração de apenas um corte não é suficiente para representar uma proposta de arquitetura. Diferentes cortes devem ser feitos nas partes mais interessantes, mais complexas ou mais incomuns da planta baixa, explicando aspectos da edificação que não podem ser descritos apenas em planta. Um corte longitudinal é criado secionando-se o prédio em uma linha paralela ao seu eixo maior, para mostrar as inter-relações entre as áreas internas. Já os cortes transversais são feitos a partir do eixo menor do prédio.

Todos os cortes recebem denominações próprias (a convenção mais usual é chamá-los de Corte AA, BB, CC, etc.) e são marcados nas plantas baixas, para deixar claro onde foram feitos. Os cortes também são denominados a partir de sua orientação cardeal (norte, leste, etc.), para que possam ser lidos junto com as elevações.

Cortes e outras representações

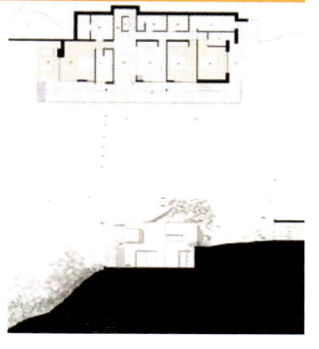

Outras formas de representação podem ser combinadas com cortes para oferecer interpretações úteis de uma edificação. Por exemplo, uma vista interna ou um corte perspectivado combina um corte (que é bidimensional) com uma perspectiva (tridimensional). Isto permite a geração de imagens poderosas que sugerem de que maneira os espaços internos de uma edificação serão utilizados.

As maquetes, que podem ser feitas na forma de um corte, também permitem a melhor compreensão do interior de uma edificação proposta. A construção de uma série de maquetes secionadas explica em detalhes uma proposta complexa e sua relação com o entorno imediato ou a paisagem. A alternativa são as maquetes secionadas e articuladas com dobradiças, que podem ser abertas e fechadas, revelando os espaços internos de um prédio.

Projeto: Casa Chattock
Localização: Newport, Inglaterra
Arquiteto: John Pardey Architects
Data: 2007

Os cortes longitudinal e transversal (à esquerda e acima) foram feitos na planta baixa do projeto e inserem a arquitetura no terreno e no contexto imediato. Os cortes devem sempre ser lidos juntos com as plantas baixas.

Projeto: Museu de Arte e Arquitetura de Nanjing
Localização: Nanjing, China
Arquiteto: Steven Holl Architects
Data: 2006

As maquetes são recursos muito eficientes para a exploração das seções de uma edificação. Elas podem ser fotografadas, para criar uma série de vistas – aqui vemos uma perspectiva do espaço interno ou um corte longitudinal perspectivado. Nesta maquete cortada vemos a maneira como a luz entra na edificação e as relações entre os vários níveis dos espaços internos.

Elevações

Projeto: Casa Chattock
Localização: Newport, País de Gales
Arquiteto: John Pardey Architects
Data: 2007

Este desenho mostra a elevação oeste do projeto e também indica os desníveis do terreno em relação à edificação. As figuras humanas inseridas dão uma boa ideia das escalas relativas da edificação e o sombreamento esclarece a profundidade dos beirais.

Em arquitetura, uma elevação descreve o plano vertical de uma edificação ou um espaço. Uma elevação pode ser uma vista externa (por exemplo, de uma edificação ou de uma rua) ou interna (por exemplo, de um cômodo).

A elevação é a interface entre o interior e o exterior de um prédio. As edificações podem ser projetadas vendo-se de fora para dentro, usando as elevações para gerar as plantas baixas, mas a maioria dos arquitetos geralmente inicia um projeto a partir da planta baixa, deixando as elevações como consequência. Isto significa que as elevações são frequentemente desenhadas várias vezes, à medida que a planta baixa evolui, para que as decisões tomadas possam ser entendidas e relacionadas à forma externa.

Os desenhos de elevações normalmente recebem o nome da orientação para a qual a elevação se volta (assim, a elevação sul é a elevação voltada para o sul, a elevação norte está voltada para o norte, e assim por diante). Isso relaciona as elevações diretamente à orientação das plantas e permite uma leitura imediata de como a luz solar afetará o prédio ao longo do dia e com a mudança das estações.

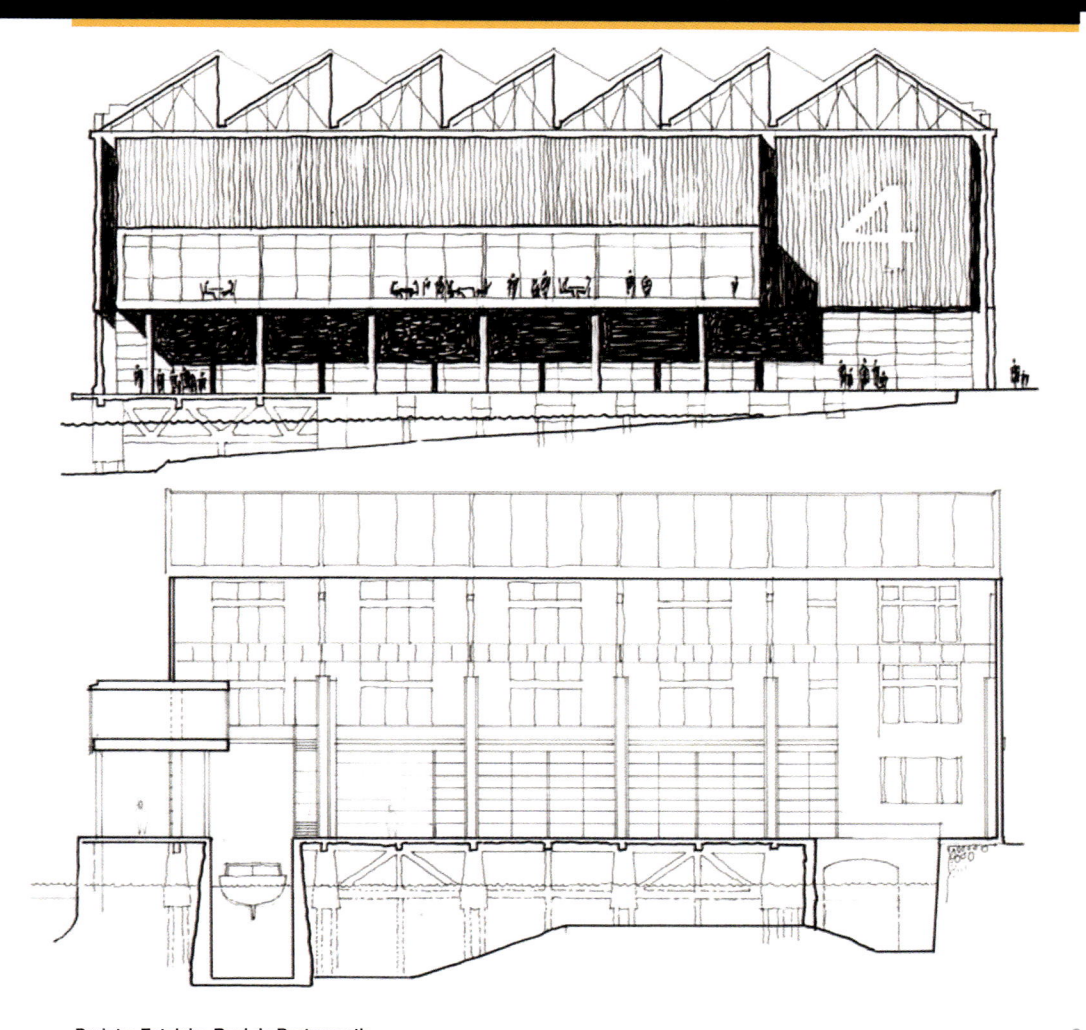

Projeto: Estaleiro Real de Portsmouth
Localização: Portsmouth, Inglaterra
Arquitetos: Colin Stansfield Smith e
John Pardey Architects
Data: 2005

Estas são elevações da edificação existente e da proposta de projeto. No alto, temos a elevação sudeste e, embaixo, a elevação interna.

As imagens foram feitas cuidadosamente à mão, usando vários pesos de linha para descrever os diferentes aspectos da proposta de arquitetura. Há uma hierarquia clara de linhas em cada desenho.

Elevações

Elevações e contexto

O aspecto mais importante de uma elevação é que ela forma a "pele" da edificação. Assim, as elevações de uma edificação devem estar relacionadas com o contexto ou o ambiente do entorno. Isso exige que o arquiteto obtenha informações sólidas sobre todos os prédios do entorno e as características da arquitetura existente (como os materiais utilizados, a escala, a volumetria e as alturas) e o ritmo da localidade do terreno. Tudo isso fornece dicas sobre como dar uma resposta de arquitetura apropriada e sugere como a proposta poderá responder ao contexto. Os desenhos de todas as edificações propostas devem incluir as elevações da arquitetura do entorno, para que a escala da proposta seja bem compreendida.

O contexto não precisa ser visto como um fator limitante. Na verdade, ele ajuda a situar a obra de arquitetura, mas a escolha dos precedentes de escala, volumetria e materiais utilizados afetará determinados aspectos da elevação. Por exemplo, se as janelas estiverem recuadas em relação à elevação, serão criadas sombras mais fortes nas aberturas. Todas estas características podem ser exploradas nas elevações e isto ajudará o arquiteto a considerar diferentes possibilidades e variações antes de decidir qual abordagem ou solução é a mais adequada.

Uma elevação bem projetada deve responder e complementar a implantação e o contexto em termos do uso de materiais, dos volumes e da escala. Como parte do projeto de arquitetura, ela precisa ser equilibrada e bem proporcionada, além de responder às exigências impostas pelo leiaute da edificação, com aberturas apropriadas para vistas e acessos. A elevação deve ser uma mediadora destes dois aspectos desafiadores do projeto de arquitetura.

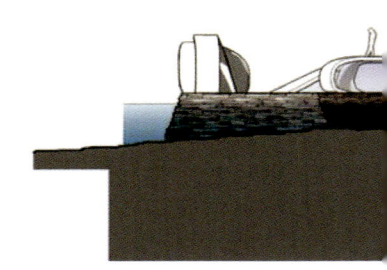

Projeto: Centro de Atividades de Emsworth
Localização: Emsworth, Inglaterra
Arquiteto: Rocky Marchant
Data: 2007

Este desenho esquemático mostra os desafios de uma forma escultórica. A ideia de projeto respondeu ao contexto do terreno e é tipificada pela forma orgânica inspirada no mar, que determinou a escolha dos materiais empregados e do sistema estrutural do prédio. O projeto foi desenvolvido por meio de uma série de maquetes que começaram pela definição da forma, seguida da escolha das funções do prédio, de modificações e de um novo desenvolvimento da forma.

As elevações mostram o terreno e seu entorno, que em um dos lados apresenta o mar e, do outro, um conjunto habitacional.

Convenções de desenho

Os desenhos de arquitetura empregam uma "linguagem" distinta de sistemas de convenção utilizados universalmente, para que as informações apresentadas sejam facilmente entendidas, com pouca ou nenhuma necessidade de textos explicativos.

A escala

Uma das convenções de desenho mais úteis é o uso da escala. O ideal é que o título do desenho de arquitetura diga a escala empregada; caso contrário, podemos incluir uma escala gráfica ao lado do desenho, para consulta. A informação sobre a escala de um desenho oferece ao usuário uma melhor compreensão das proporções da proposta e ajuda a comunicar as informações de maneira mais clara.

A orientação

Uma seta de norte, que indica a orientação da edificação, sempre deve estar ao lado das plantas. A direção e a incidência ou não da luz natural em um espaço, bem como sua variação ao longo do dia ou das estações, são considerações importantes para os arquitetos. Entender a orientação de um prédio também ajuda a explicar muitos aspectos do leiaute interno e da organização espacial apresentada nas plantas baixas.

A espessura das linhas

Nos desenhos de arquitetura, a espessura das linhas – também chamada de peso – tem importância, pois comunica as intenções de projeto. A regra nos desenhos de arquitetura é que quanto mais grossa for a linha, mais denso será o material ou mais permanente será o objeto sendo descrito. As linhas mais finas, o empregadas para a representação do mobiliário e para elementos menos permanentes de uma planta e frequentemente apresentam informações adicionais sobre o projeto. As linhas grossas, mais legíveis, são lidas como uma camada principal de informações, enquanto as linhas mais finas, como uma camada secundária.

Quando desenhamos um corte, a convenção usual é fazer mais espessas as linhas dos locais onde o prédio foi "cortado". Esta distinção permite ao leitor identificar onde o corte foi feito em relação à planta baixa, a qual, por sua vez, terá linhas indicativas do plano de corte.

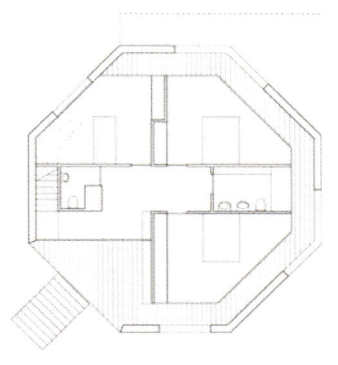

Projeto: Casa Tambor
Localização: Projeto conceitual
Arquitetos: Pierre d'Avoine Architects
Data: 2005

A Casa Tambor é um protótipo de moradia vertical, continuando a tipologia das casas de planta octogonal iniciada em meados do século XIX. Na época dizia-se que a vantagem do octógono era proporcionar mais luz natural, ventilação e boas vistas em cada um dos cômodos, além de tornar o espaço interno mais útil.

Neste protótipo, a casa está elevada em relação ao solo e possui duas camadas de vedação, entre as quais se encontra uma escada. A edificação, por ser solta e independente, pode ser girada à vontade, para qualquer orientação, tornando a casa extremamente versátil.

A planta baixa mostra o pavimento térreo elevado em relação ao terreno, com dormitórios que podem ser utilizados para crianças ou como um apartamento independente. Os outros pavimentos contêm uma área de estar com
pé-direito duplo (segundo pavimento), um gabinete com jardim de inverno (terceiro pavimento), a suíte do casal com terraço (quarto pavimento) e a cobertura.

Escadas

As escadas unem dois ou mais pavimentos e precisam ser representadas nas plantas baixas. A convenção mais comum é que a escada seja desenhada com linhas contínuas até a altura de 120cm em relação ao piso e com linhas tracejadas a partir deste nível. Uma seta indica a direção de subida em uma escada.

Materiais

Os materiais e os fins a que se destinam também são representados nos desenhos de arquitetura, especialmente nas plantas baixas, que explicam o leiaute e a divisão dos espaços internos. Diferentes materiais são indicados por meio de variações nas convenções de sombra e hachura.

Símbolos

Os símbolos são muito comuns nos desenhos de arquitetura como uma espécie de "taquigrafia" ou "resumo", para descrever a posição e a localização de elementos dentro de um prédio. Devem ser empregados os mesmos símbolos por todos os membros da equipe de projeto e construção: arquitetos, engenheiros, empreiteiros, fornecedores e instaladores.

Quando elaboramos um desenho a traço, podemos utilizar gabaritos para fazer os símbolos. No caso dos desenhos digitais, os programas de CAD possuem bibliotecas de objetos, as quais permitem que o usuário selecione o símbolo relevante e posicione-o em seu desenho. Os símbolos habituais incluem móveis (que conferem escala aos desenhos e podem sugerir de leiautes internos), aparelhos sanitários (como banheiras, duchas e lavatórios) e componentes da cozinha (para mostrar a localização da pia ou do fogão, por exemplo).

Os desenhos das instalações elétricas e mecânicas precisam explicar uma rede invisível de cabos, dutos e interruptores. Estes desenhos também devem utilizar as convenções padronizadas e estar relacionados às exigências funcionais e práticas da edificação. Linhas tracejadas são utilizadas para representar a distribuição de cabos e conexões na edificação. Os interruptores das luminárias e os disjuntores têm seus próprios sistemas de codificação. Todos estes códigos e sistemas de símbolos devem ser descritos e explicados nas legendas das pranchas.

Categorias de desenho

As várias etapas da elaboração de um projeto de arquitetura são associadas a diferentes categorias de desenho.

Desenhos do estudo de viabilidade

A primeira destas etapas é um estudo de viabilidade, uma análise preliminar feita para avaliar e documentar a possibilidade de um projeto. Os resultados deste estudo são utilizados para determinar se o projeto deve ser levado adiante ou não. Nesta etapa, é exigido um conjunto completo de desenhos: planta de situação, planta de implantação, plantas baixas, elevações e cortes relevantes. À medida que o projeto for desenvolvido, aumentará a variedade de desenhos necessários para atender às diferentes e crescentes exigências de informação.
Por exemplo, novos jogos de desenho serão feitos a fim de solicitar a permissão para construção ou fazer consultas a departamentos públicos.

Desenhos de apresentação

Os desenhos de apresentação normalmente se destinam para a reunião com os clientes. Portanto, eles precisam ser persuasivos e apresentar os aspectos mais fortes e convincentes da proposta de projeto. Estes desenhos devem ter impacto, ser acessíveis e fáceis de entender, e conseguir transmitir os conceitos da proposta de maneira clara.

Na etapa da elaboração do projeto ou das consultas públicas, um jogo de desenhos de apresentação será necessário para explicar a relação entre o projeto e seu contexto imediato, assim como o impacto que a edificação terá no terreno.

Desenhos executivos

As etapas posteriores do desenvolvimento do projeto serão associadas a jogos de desenhos mais detalhados.
Os desenhos utilizados para compor um conjunto de documentos de projeto são chamados de "projeto executivo" e incluem plantas, cortes e elevações, além de plantas e cortes detalhados que serão empregados para explicar o leiaute e as especificações que descrevem os materiais e os outros aspectos da construção.

Os detalhes incluídos neste tipo de desenho fornecerão informações sobre a estrutura da edificação e os elementos de sua construção, como as relações entre paredes e fundações, paredes e pisos internos e paredes e cobertura. Todos os detalhes especiais ou específicos do projeto também deverão ser incluídos, como os elementos peculiares da arquitetura que precisam ser construídos de maneira especial ou o uso incomum ou inovador de um material de construção.

O sistema de escalas conhecido como Coordinated Production Information (CPI) pode ser aplicado aos desenhos executivos. Diferentes tipos de desenho são criados em diferentes escalas. Por exemplo, as informações sobre o exterior de uma edificação são dadas nas escalas de 1:100 ou 1:50 (dependendo das dimensões do prédio), as informações sobre o interior são representadas nas escalas de 1:50 ou 1:20 e os detalhes são feitos nas escalas de 1:10, 1:5 e 1:2.

Os desenhos executivos são preparados quando o projeto já foi apresentado e aceito pelos clientes. Contudo, durante a execução, à medida que surgem problemas ou situações imprevistas, os desenhos precisam ser revisados. A disponibilidade de materiais de construção, as mudanças no programa de necessidades ou mesmo uma alteração nas exigências do cliente podem tornar necessárias alterações no projeto. Se, no entanto, um desenho for revisado, todos os demais desenhos que se relacionarem a ele deverão ser alterados, a fim de que haja sintonia e um "jogo completo" de informações.

Desenhos especiais

Os desenhos especiais permitem a fabricação de itens particulares ou feitos sob medida por um fornecedor. Os engenheiros de estruturas e instalações prediais também farão desenhos especiais para resolver problemas específicos do projeto ou situações imprevistas.

Categorias de desenho

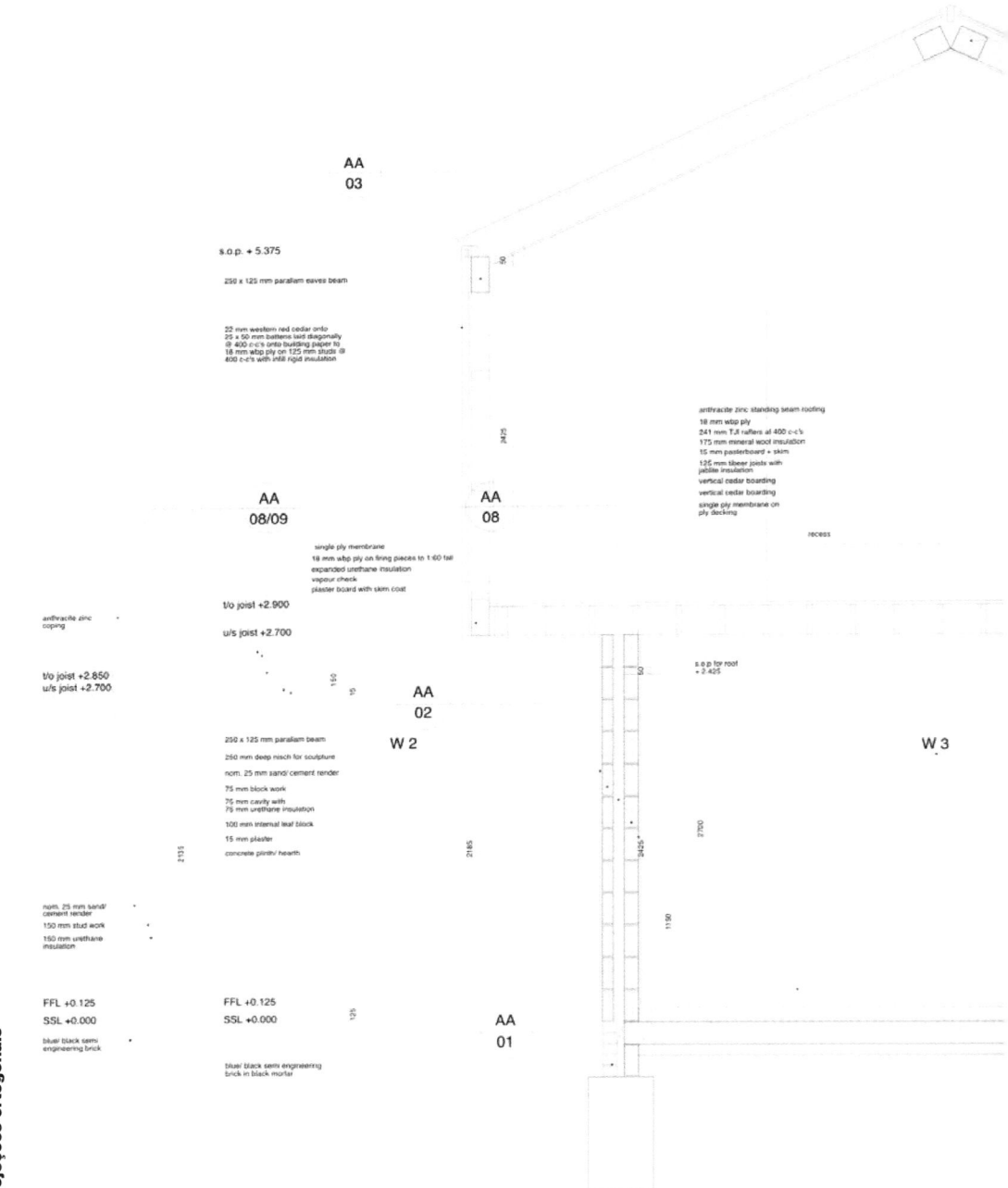

1

AA
03

s.o.p. +5.375

250 x 125 mm parallam eaves beam

22 mm western red cedar onto
25 x 50 mm battens laid diagonally
@ 400 c-c's onto building paper to
18 mm wbp ply on 125 mm studs @
400 c-c's with infill rigid insulation

anthracite zinc standing seam roofing
18 mm wbp ply
241 mm TJI rafters at 400 c-c's
175 mm mineral wool insulation
15 mm pasterboard + skim
125 mm timber joists with
jablite insulation
vertical cedar boarding
vertical cedar boarding
single ply membrane on
ply decking

AA
08/09

AA
08

recess

single ply membrane
18 mm wbp ply on firing pieces to 1:60 fall
expanded urethane insulation
vapour check
plaster board with skim coat

anthracite zinc
coping

t/o joist +2.900
u/s joist +2.700

t/o joist +2.850
u/s joist +2.700

s.o.p for roof
+ 2.425

AA
02

250 x 125 mm parallam beam
250 mm deep recess for sculpture
nom. 25 mm sand/ cement render
75 mm block work
75 mm cavity with
75 mm urethane insulation
100 mm internal leaf block
15 mm plaster
concrete plinth/ hearth

W 2

W 3

nom. 25 mm sand/
cement render
150 mm stud work
150 mm urethane
insulation

FFL +0.125
SSL +0.000

blue/ black semi
engineering brick

FFL +0.125
SSL +0.000

blue/ black semi engineering
brick in black mortar

AA
01

Projecções ortogonais

2

175 x 200 mm parallam ridge beam

anthracite zinc standing seam
roofing onto 18 mm wbp ply

225 x 38 mm SW 3C3 rafters
@ 400 c-c's
175 mm mineral wool insulation
nom. 15 mm plasterboard
and skim coat

AA
12

anthracite zinc gutter

250 x 125 mm parallam eaves beam
22 mm western red cedar onto
25 x 50 mm battens laid diagonally
@ 400 c-c's onto building paper to
18 mm wbp ply
nom. 75 mm deep powder coated
aluminum frame to RAL colour

AA
04

Projeto: Casa Duckett
Localização: New Forest, Inglaterra
Arquiteto: John Pardey Architects
Data: 2005

Todo projeto de arquitetura exigirá um conjunto de desenhos detalhados que explicarão a montagem e a construção de uma edificação. Esse jogo de desenhos faz parte de um pacote de informações elaborado para auxiliar na construção do prédio. O pacote incluirá informações detalhadas sobre as dimensões e o posicionamento de acessórios, instalações e qualquer componente necessário. Todos os aspectos de cada componente previsto precisam ser informados, por exemplo, desde as especificações de materiais de uma escada até as dimensões de seu corrimão. O corte detalhado da Casa Duckett que vemos nestas páginas explica a tectônica do prédio e apresenta informações minuciosas de vários aspectos de sua construção.

AA
05

150 x 100 mm trench heater
black aluminum panel
200 x 38 mm SW joists at 300 c-c's
200 x 50 sw
350 x 150 mm western red cedar lintel

185 mm deep aluminum sliding
door frame to RAL colour

114 mm o double galvanised CHS

AA
06

150 x 100 mm trench heater

32 x 90 mm hardwood decking onto
80 x 50 mm tapered battens onto dpc

150 mm ground bearing slab

130 x 100 mm deep aco k drain

200 mm well compacted hardcore
foundations to engineer's specification

25 mm HW flooring floating over
underfloor heating
100 mm pre-grooved insulation for underfloor
for underfloor heating pipe work
150 mm precast slab
75 mm sand blinding onto
75 mm sand blinding

Exercício 3: desenho

Um jogo de desenhos que descreve uma edificação ou um espaço será composto por uma variedade de plantas, cortes e elevações. Desenhar um corte é imaginar uma seção vertical do prédio. Esta é uma ideia abstrata, assim, antes de fazer um corte pela primeira vez, talvez ajude pegar um objeto e cortá-lo literalmente pela metade (no plano vertical). Este processo revelará o relacionamento entre o exterior do objeto e suas características internas. Assim que esta ideia abstrata assume uma forma real, a ideia de um corte que passa por um cômodo, um prédio ou uma paisagem pode ser melhor entendida.

O corte

Este exercício ensina como fazer e representar um corte. Às vezes, é difícil entender o que o corte de um objeto ou de uma edificação descreve, mas, em poucas palavras, podemos dizer que ele revela os aspectos ocultos de uma estrutura.

1. Pegue um sapato velho e corte-o pela metade ao longo de seu comprimento. Tenha cuidado ao fazer o corte, pois alguns calçados possuem placas de aço ocultas.

2. Observe o corte com atenção e tente começar a entender sua forma e como o sapato foi montado. Ele tem camadas? Com que materiais foi feito?

3. Agora posicione o sapato de modo que você possa começar a desenhá-lo (considere a luz ou a sombra que incide sobre ele e seu contexto). Olhe novamente. Sobre qual superfície ele se encontra? O que tem dentro do sapato? O que você vê em seu pano de fundo?

4. Após observar detalhadamente o sapato, você terá condições de tomar decisões sensatas sobre quais instrumentos e que tipo de papel quer utilizar. Os instrumentos e o papel escolhidos devem estar relacionados com a técnica de desenho que você tiver em mente. Por exemplo, um desenho à tinta sobre papel sulfite grosso ficará mais preciso do que um desenho a tinta sobre papel para aquarela, porque o papel sulfite é menos absorvente.

5. Desenhe apenas o que você vê, mas com detalhes e em escala real (1:1).

Corte de um tênis

Uma vez desenhado, o corte permite a compreensão do interior de um tênis e como ele se relaciona com a forma externa. Às vezes, a forma externa pode sugerir algo diferente do espaço interno. O corte também revela a materialidade do calçado, a espessura de seus componentes, as várias camadas que o compõem e sua estrutura.

técnicas de representação

Projeto: Concurso Kolata Living Steel
Localização: Kolata, Índia
Arquiteto: Percy Conner Architects
Data: 2006

A Pierce Conner Architects considera que a habitação contemporânea raramente foge do modelo generalizado de espaços celulares herméticos que muitas vezes não consegue responder às condições demográficas e ambientais. Portanto, ao projetar um edifício na Índia, seu desafio foi criar uma alternativa economicamente viável que fosse "expressiva e alegre e respondesse ao meio".

Esta imagem em CAD é uma maquete eletrônica do projeto. A vista aérea foi feita do nível do segundo pavimento e permite entender o relacionamento entre os blocos e a rua, além de dar uma ideia dos jardins nas coberturas. As sombras e texturas conferem bastante realismo à imagem.

Às vezes a leitura de desenhos de arquitetura bidimensionais é difícil porque certas convenções de desenho têm o aspecto de um código especializado. Os desenhos de arquitetura bidimensionais frequentemente tentam representar espaços ou lugares tridimensionais, o que nem sempre é fácil. No entanto, as imagens tridimensionais podem tornar muito mais fácil a interpretação de uma edificação e dar uma ideia do prédio que é imediatamente compreendida.

As três técnicas de desenho tridimensional exploradas neste capítulo oferecem maneiras distintas de visualizar as edificações. As perspectivas cônicas permitem a visualização a partir de pontos de vista variáveis, enquanto as perspectivas axonométricas e isométricas criam formas tridimensionais predefinidas que podem ser observadas como se fossem maquetes. A escolha do ponto de vista é uma consideração importante quando decidimos que tipo de imagem é a mais relevante.

As imagens tridimensionais dão uma noção de como seria a edificação quando ocupada e podem ser combinadas com outros desenhos bidimensionais a fim de proporcionar uma ideia geral de uma proposta ou de um projeto.

Perspectivas cônicas

Projeto: Museu de Arte Nelson-Atkins
Localização: Kansas City, EUA
Arquiteto: Steven Holl Architects
Data: 2006

Esta proposta de ampliação do Museu de Arte Nelson-Atkins, vencedora de um concurso de arquitetura, é composta de cinco estruturas interconectadas. Partindo do edifício existente e atravessando um parque de esculturas, as cinco "lentes" construídas formam novos espaços e ângulos de visão que proporcionam novas experiências no museu existente. Este croqui de interior explora o jogo de luz dentro do espaço da galeria.

Embora as perspectivas cônicas geralmente deem a impressão fiel de um espaço, há distorções no desenho que fazem com que o impossível pareça possível.

Em geral, imaginamos que as perspectivas cônicas projetam uma realidade fiel e mensurada, mas na verdade elas são abertas a interpretações e manipulações do arquiteto ou artista, a quem cabe decidir aquilo que é visto ou não e qual é o ponto de vista escolhido.

O ponto de vista

Todas as perspectivas cônicas são feitas a partir de um ponto de vista selecionado pelo desenhista; o ponto de vista determinará totalmente a vista representada. Ele geralmente fica na altura padrão dos olhos do observador, mas pode ser deslocado e, consequentemente, alterar a vista. Em uma vista aérea, por exemplo, o ponto de vista fica no alto, gerando uma perspectiva que é lida como se estivéssemos voando sobre a área. Se a perspectiva for feita com um ponto de vista subterrâneo, teremos uma imagem contrária, olhando para a edificação de baixo para cima.

O plano do desenho

O plano do desenho é uma superfície plana imaginária localizada entre o ponto de vista do observador e o objeto sendo visualizado. Em geral, ele é um plano vertical perpendicular à projeção horizontal da linha de visão do ponto de interesse do objeto. Quanto mais perto o plano do desenho estiver do objeto, maior será a imagem. Se o plano do desenho estiver afastado, a imagem resultante ficará menor.

O plano do desenho é um conceito oriundo das belas artes. Albrecht Dürer (1471–1528) inventou uma retícula por meio da qual podia representar uma cena tridimensional com precisão sobre um plano horizontal.

O artista transferia o que via para a superfície do papel posicionando a retícula perto do tema a retratar, desenhando uma malha similar no papel e usando as linhas desta malha e as linhas correspondentes do papel como uma espécie de mapa. O emprego da retícula ajudava a preservar todas as proporções do objeto sendo retratado.

Projeto: Escritório Central da Anistia Internacional
Localização: Londres, Inglaterra
Arquiteto: Witherford Watson Mann Data: 2003

Esta é uma perspectiva cônica com um ponto de fuga, representando uma entrada proposta para o Centro de Ação pelos Direitos Humanos da Anistia Internacional, em Londres. O desenho mostra as relações visuais entre a rua, a área de exibições, os escritórios de campanha e as salas de aula. O desenho propositalmente apresenta em primeiro plano imagens publicitárias da Anistia Internacional, relegando à arquitetura o papel de moldura de um conjunto de relações e atividades.

Perspectivas cônicas

Projeto: Museu de Fotografia de Roterdã
Localização: Roterdã, Países Baixos
Projetista: David Yeates
Data: 2007

Esta proposta usou o tema do museu, a fotografia, como seu conceito gerador. O prédio era uma tela que projetava o espaço externo. Esta maquete eletrônica foi gerada com um programa de CAD.

O ponto de fuga

As perspectivas cônicas geralmente têm um, dois ou três pontos de fuga. Os pontos de fuga são os pontos para os quais todas as linhas do desenho parecem convergir, ou seja, o número de pontos de convergência é o número de pontos de fuga.

As perspectivas com um ponto de fuga têm um ponto de convergência centralizado, exagerando a ideia de profundidade do espaço; portanto, elas geralmente são utilizadas para representar interiores. As perspectivas com dois pontos de fuga são mais comuns para a representação de prédios pequenos em seu contexto imediato ou no entorno urbano. Já as perspectivas com três pontos de fuga são empregadas para o desenho de edifícios maiores, também inseridos em seus contextos.

A linha do horizonte

Em uma perspectiva cônica, a linha que fica no nível dos olhos do observador é chamada de linha do horizonte. A linha do horizonte normalmente é feita a uma altura de aproximadamente 1,6 metro em relação ao chão, mas ela pode ser alterada para a obtenção de pontos de vista diferentes (como nas vistas aéreas ou nas vistas de baixo para cima).

Croquis em perspectiva

Fazer um croqui em perspectiva significa observar e estudar uma vista e depois desenhá-la de modo a obter uma representação precisa. Isto exige que as posições do ponto de fuga e da linha do horizonte sejam analisadas com cuidado. Os croquis em perspectiva são úteis para a expressão rápida de uma impressão realista de um espaço existente ou para a sugestão de um conceito de projeto.

Perspectivas cônicas convencionais

Perspectivas cônicas convencionais são desenhos feitos à mão, a partir das informações constantes em plantas, cortes e elevações. O primeiro passo para a construção de uma perspectiva cônica feita à mão é decidir o ponto de observação a ser utilizado no desenho e estudar os cortes ou as elevações para decidir os detalhes, como as alturas dos espaços e aberturas (portas e janelas). Os princípios importantes para o desenho de uma perspectiva cônica são:

- todas as linhas devem convergir para pontos de fuga;
- as figuras humanas devem diminuir de tamanho à medida que se aproximam do centro da imagem e de um ponto de fuga;
- os espaços e as profundidades devem ser preservados na imagem, reforçando a ilusão de perspectiva e o realismo.

Projeto: Proposta de dormitório para estudantes
Localização: Roterdã, Países Baixos
Projetista: Jeremy Davies
Data: 2007

Esta perspectiva cônica feita à mão emprega as cores de maneira eficaz, dando vida à elevação do prédio. Figuras humanas em escala também foram utilizadas para dar mais realidade e vivacidade ao espaço externo da edificação.

Perspectivas axonométricas

Projeto: Escola de Administração Saïd, Oxford University
Localização: Oxford, Inglaterra
Arquiteto: Dixon Jones
Data: 2005

Esta perspectiva axonométrica vista de baixo para cima apresenta uma vista abstrata incomum de uma proposta para um pátio interno da Escola de Administração Saïd. A imagem permite uma compreensão imediata da escala do espaço.

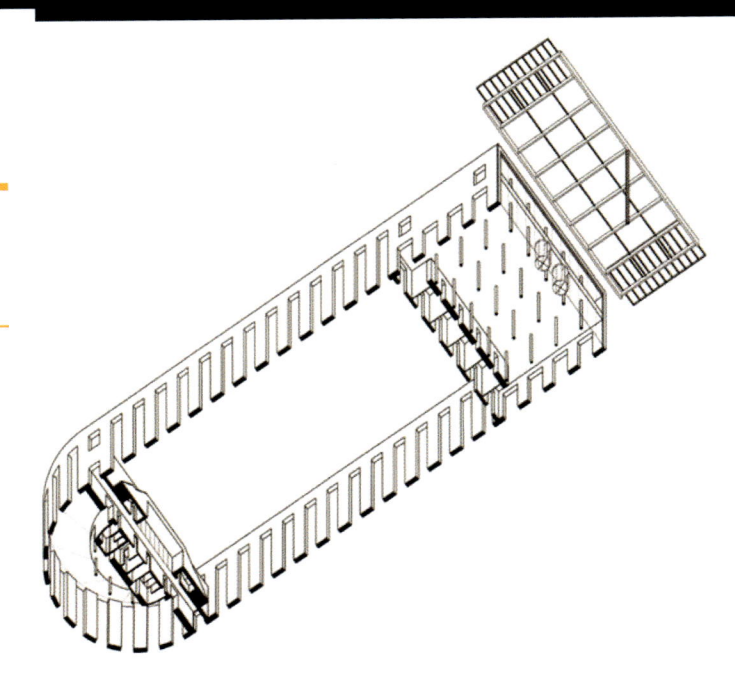

Uma perspectiva axonométrica (também conhecida como planta oblíqua) é produzida a partir de uma planta baixa e é a projeção tridimensional mais fácil de desenhar. As axonométricas dão uma vista aérea geral de um objeto e têm a vantagem de oferecer ao arquiteto uma compreensão da planta baixa e das elevações internas ou externas de um prédio em apenas um desenho.

O historiador da arquitetura Auguste Choisy (1841–1909) utilizou as axonométricas pela primeira vez no século XIX, e elas foram empregadas por inúmeros artistas e arquitetos do século XX, como Kasemir Malevich (1878–1935) e El Lissitzky (1890–1941), dois construtivistas russos, e Gerrit Rietveld (1888–1964). As perspectivas axonométricas combinavam muito bem com o estilo vanguardista da arte e da arquitetura destas pessoas e também complementavam as formas cubistas do movimento De Stijl. Ainda hoje arquitetos como Zaha Hadid apreciam a técnica das axonométricas e utilizam-na para um estilo de expressão muito pessoal.

Imagens tridimensionais

Projeto: Torre Phare
Localização: Paris, França
Arquiteto: Morphosis
Data: 2006

O projeto da Torre Phare, em Paris, inclui não apenas a torre, mas também um prédio mais baixo que faz a conexão com o espaço urbano. Este diagrama explica as conexões entre os dois elementos e como eles se relacionam com a paisagem da rua.

Perspectivas axonométricas

Arte e arquitetura

Construtivismo
O Construtivismo foi um movimento da arte e da arquitetura que iniciou na Rússia em 1919 e descartava a arte "pura" em favor de uma arte que fosse utilizada como instrumento para fins sociais, ou seja, a construção de uma sociedade socialista.

De Stijl
Além de ser o nome de um jornal publicado pelo pintor e crítico de arte Theo van Doesburg, De Stijl (que significa "o estilo" em holandês) foi a designação escolhida por um movimento artístico criado na Holanda em 1917. Além de Van Doesburg, os principais membros do grupo foram os pintores Piet Mondrian e Bart van der Leck e os arquitetos Gerrit Rietveld e J. J. P. Oud.

Os proponentes do De Stijl buscavam expressar um novo ideal utópico de harmonia espiritual e ordem. Eles defendiam a abstração pura e a universalidade por meio da redução aos elementos mínimos da forma e da cor – suas propostas simplificavam as composições visuais a planos verticais e horizontais e utilizavam apenas cores primárias, além do preto e do branco.

Avant-garde
"Avant-garde" em francês significa vanguarda ou linha de frente, e o termo é frequentemente empregado para se referir às pessoas ou às obras que são experimentais ou inovadoras, especialmente na arte, cultura e arquitetura. Ser de vanguarda representa ultrapassar os limites do que é aceitável pela norma ou pelo *status quo*, especialmente no mundo da cultura.

A construção de uma perspectiva axonométrica

Para fazer uma axonométrica, você precisa redesenhar ou ao menos reposicionar uma planta baixa no ângulo de 45 graus em relação à horizontal. A planta deve estar orientada de tal maneira que a vista axonométrica obtida seja um aspecto especial da elevação do prédio que você deseja ressaltar. A partir desta nova orientação, a planta é redesenhada e todas suas linhas são projetadas verticalmente. Todas as medidas de uma perspectiva axonométrica permanecem inalteradas e são obtidas da planta baixa, das elevações e dos cortes.

Uma vez obtido o esquema ou a forma geral da axonométrica, é possível fazer cortes para revelar detalhes do interior do prédio ou de sua construção. As perspectivas axonométricas permitem uma vista simultânea do interior e exterior de uma edificação.

Perspectivas axonométricas explodidas

As axonométricas explodidas permitem explicar um conceito ou uma ideia como uma série de componentes visuais desconectados. Este tipo de desenho é útil para explicar uma ideia ou um conceito complexo e descrever como cada componente do projeto será conectado. As perspectivas cônicas e as isométricas também podem ser explodidas.

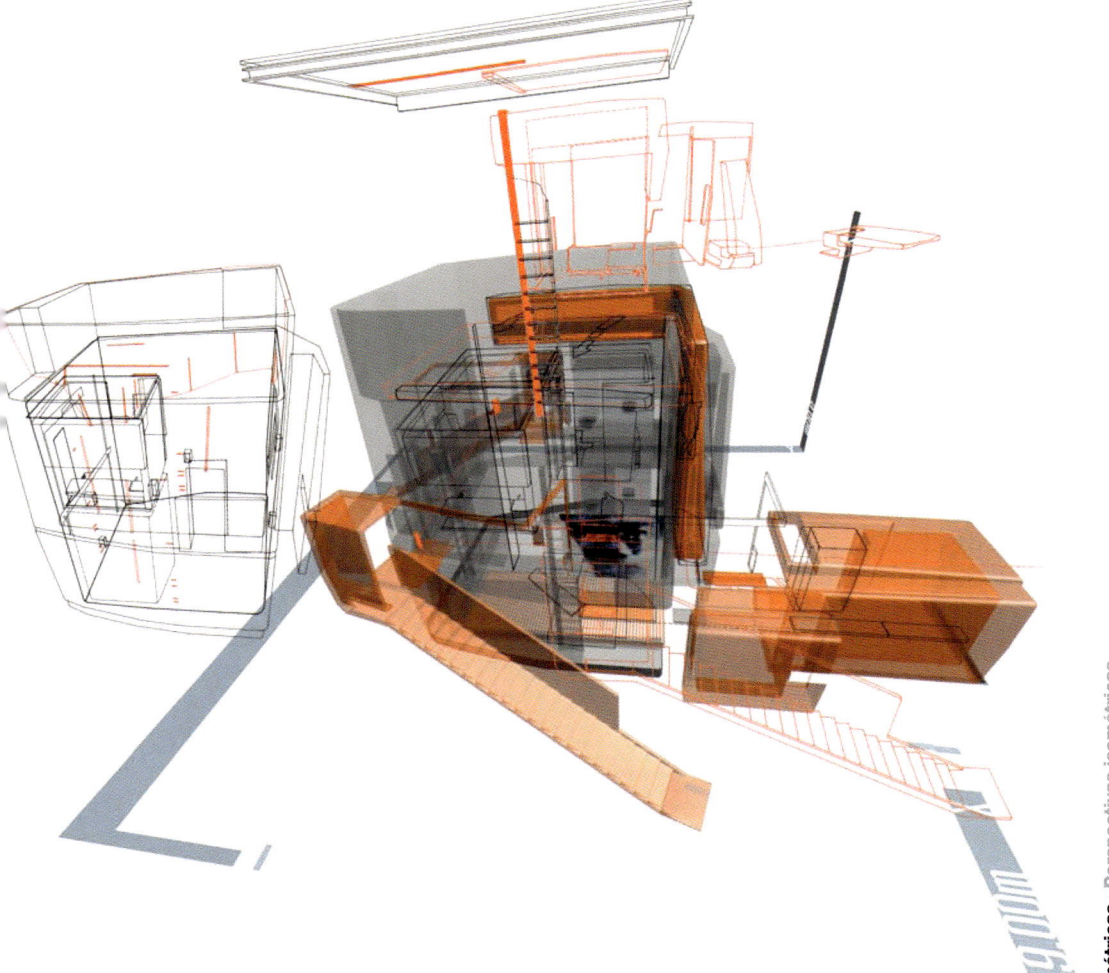

Projeto: Casa Clone
Localização: Projeto conceitual
Arquiteto: C. J. Lim / Studio 8
Data: 1999

A Casa Clone, um projeto conceitual, compreende quatro recintos idênticos e questiona a ideia da vida cotidiana, sugerindo uma variedade de permutações e configurações. Esta perspectiva explodida separa aspectos distintos do projeto em uma série de imagens que identificam os diferentes elementos da edificação, como a cobertura, as paredes e a escada.

Perspectivas isométricas

As perspectivas isométricas oferecem vistas similares às das axonométricas. No entanto, estes desenhos tentam tornar a representação muito técnica das axonométricas um pouco mais acessível e mais "natural".

As isométricas são úteis, pois enfatizam um pouco menos a verticalidade da vista. Elas também são fáceis de interpretar, pois nelas o nível do observador fica mais baixo, resultando em representações tridimensionais mais realistas.

A construção de uma perspectiva isométrica

A principal diferença entre as isométricas e as axonométricas é que as primeiras são criadas a partir de uma planta baixa que é redesenhada com uma inclinação de 30 graus na planta baixa (enquanto as axonométricas são feitas com 45 graus). Após redesenhar a planta baixa inclinada, a perspectiva isométrica é construída exatamente da mesma maneira que a axonométrica (todas as suas linhas são projetadas verticalmente, gerando uma imagem tridimensional do objeto).

As isométricas não são construídas rapidamente; leva-se um bom tempo para desenhar a planta no ângulo distorcido e difícil de 30 graus necessário para a construção da vista tridimensional. Alguns elementos, especialmente as formas circulares, são muito difíceis de desenhar na forma isométrica.

As isométricas podem ser cortadas ou explodidas, ressaltando certos aspectos de um conceito ou de uma ideia. Variações de cor, textura e sombra também são empregadas para tornar a imagem ainda mais real.

A vantagem tanto das perspectivas isométricas quanto das axonométricas é que elas se relacionam de maneira realista com nossa percepção natural e são interpretações mais imediatas de uma edificação ou um espaço. Elas podem ser utilizadas de maneira igualmente poderosa para a descrição de conceitos, edificações ou detalhes e reúnem com eficácia, em um único desenho, diferentes vistas do interior, do exterior, das elevações e da forma de uma edificação.

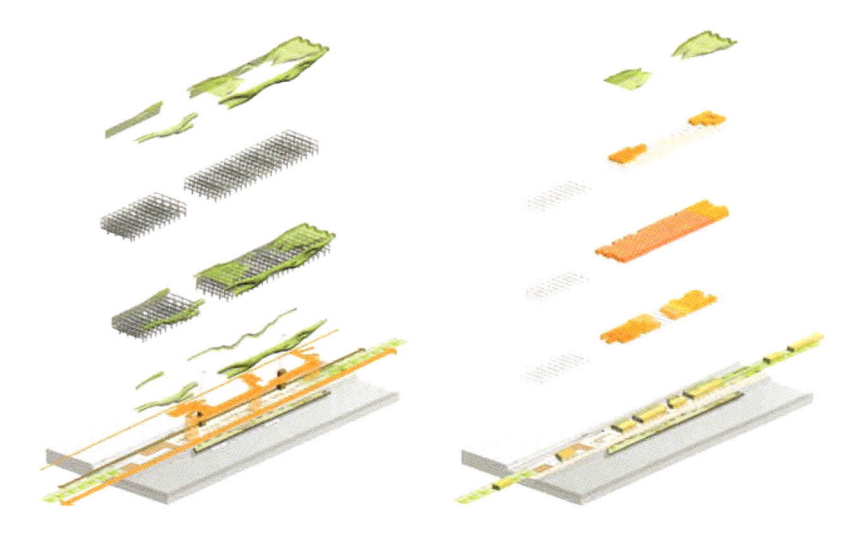

Projeto: Docas de Paris (acima)
Localização: Paris, França
Arquiteto: Jakob + MacFarlane
Data: 2005

Estes desenhos fazem parte do detalhamento em série de um grande projeto de renovação urbana junto ao rio Gauche, em Paris. Estas isométricas em específico descrevem a proposta como um percurso ao longo do rio sobreposto a uma série de estruturas, as quais, por sua vez, têm diversas coberturas.

Projeto: Les Docks, Quai Rimbaud
Localização: Lyons, França
Arquiteto: Jakob + MacFarlane
Data: 2005

Estas maquetes eletrônicas descrevem o conceito de um grande edifício de exposições. O prédio é um bloco maciço que foi escavado e resultou em um vazio complexo que pode ser visto e percebido como um espaço dentro do volume.

Outras aplicações

As imagens tridimensionais são utilizadas tanto para chamar a atenção do observador para um aspecto particular do projeto como para descrever ou desconstruir conceitos ou ideias. Esta imagem pode ser ao mesmo tempo realista ou imaginária, uma vez que ela é uma maneira acessível de entender melhor uma edificação. Além das perspectivas cônicas, axonométricas e isométricas, há outras formas de representação tridimensional disponíveis para o arquiteto.

Vistas aéreas em série

As vistas aéreas em série geralmente são produzidas como um conjunto e geradas com CAD, ou seja, são maquetes eletrônicas. Cada uma das imagens da série é composta com o uso de um programa de edição eletrônica, criando um filme que simula um "voo" do observador por cima da proposta de projeto. As vistas em série podem formar apresentações impressionantes para a visualização de um projeto e a compreensão de todos os seus espaços tridimensionais.

Wireframes

As maquetes eletrônicas conhecidas como *wireframes* (termo inglês que significa "estruturas de arame") são uma forma de visualização de um prédio gerada por um programa de CAD. Estas maquetes eletrônicas apenas mostram as linhas gerais da edificação, mas são uma ferramenta útil para a compreensão de um projeto nas etapas iniciais de seu desenvolvimento e para a sugestão de como ele pode ser desenvolvido como uma forma tridimensional. Uma *wireframe* é, em suma, uma imagem transparente que permite ao observador visualizar a edificação como um esboço tridimensional.

Vistas internas

As vistas internas tridimensionais ajudam a descrever um espaço interior ou seu conceito. Estas vistas podem ser mais trabalhadas, de modo a incluir detalhes de móveis e acessórios, bem como incorporar figuras humanas (calungas), para dar uma boa ideia da escala. Estes desenhos também podem sugerir as atividades e os usos contemplados pelo projeto.

Cortes perspectivados

Os cortes perspectivados são representações compostas de um corte com uma perspectiva interna. Eles revelam as relações dos interiores de uma proposta de projeto, assim como a maneira pela qual as diferentes áreas provavelmente interagirão. Nestes desenhos, tanto as descrições das atividades sugeridas como a vista do espaço em perspectiva são extremamente importantes.

Projeto: Apartamento de Cobertura 801
Localização: Londres, Inglaterra
Arquiteto: Block architecture
Data: 2005

Esta maquete eletrônica foi empregada para criar uma imagem em perspectiva de um interior para o projeto de um apartamento de cobertura em Londres. A ênfase na imagem foi dada ao plano horizontal e aos objetos do ambiente.

Outras aplicações

Projeto: Meridian Delta
Localização: Londres, Inglaterra
Arquiteto: Piercy Conner Architects
Data: 2005

Esta proposta foi apresentada para o concurso de um complexo com centro de negócios e centro de marketing em Greenwich, Londres, à sombra do O2 (anteriormente conhecido como a "Cúpula do Milênio").

O desenho combina uma perspectiva com um corte destes dois espaços, para permitir ao observador uma melhor compreensão de como os prédios se relacionam entre si e com seu entorno. Os espaços também incluem móveis, acessórios e calungas, para uma melhor ideia da escala. Estas imagens foram geradas com os programas MicroStation e Autodesk 3D Studio Max.

Cortes perspectivados decompostos

Estes cortes perspectivados revelam o interior de uma edificação ou um volume, sendo uma maneira eficaz de explorar as relações entre os exteriores e os interiores ou uma estratégia para explicar a estrutura ou a técnica de construção de uma edificação e como esta se relaciona com o conceito ou a ideia original. Estes desenhos geralmente são perspectivas isométricas ou axonométricas e parecem uma maquete eletrônica que teve um plano, uma parede ou uma seção removida, para permitir a visualização do interior de uma edificação ou de um volume.

Imagens tridimensionais

Projeto: Sky Blue Aviation
Localização: Projeto conceitual
Arquitetos: Matt Swanton/
Format Milton
Data: 2007

Esta imagem foi gerada com um programa de CAD, para criar uma vista interna extremamente realista. Os reflexos, as sombras e a iluminação são impressionantes e transmitem a sensação de profundidade e extremo realismo. O mobiliário também sugere de que maneira o espaço poderia ser utilizado.

Outras aplicações

Desenhos de apresentação

Nos desenhos de apresentação empregamos os melhores recursos de representação tridimensional para focar um aspecto particular da ideia de arquitetura. Estes desenhos podem ser feitos para um cliente, o público em geral ou um grupo de usuários, assim, eles precisam comunicar o conceito do projeto de modo objetivo ao público-alvo e dar uma ideia de como a arquitetura proposta atende às suas necessidades e exigências.

Sequências espaciais

Uma série de desenhos tridimensionais consegue transmitir a sensação de que estamos olhando em volta ou através de uma imagem. As sequências espaciais podem ser empregadas para explicar um aspecto importante do conceito do projeto, como uma circulação do prédio ou as alternativas de acesso e entrada.

Espaço, luz e ordem. Estas são as coisas que os homens precisam tanto quanto o pão ou um lugar para dormir.
Le Corbusier

Projeto: Casa Clone
Localização: Projeto conceitual
Arquiteto: C. J. Lim / Studio 8
Data: 1999

Esta série de imagens tridimensionais descreve uma variedade de permutações para o leiaute da Casa Clone, projetada por C. J. Lim. O leiaute consiste de uma série de quatro recintos que podem ser ordenados de várias maneiras. A imagem tridimensional, junto com os diagramas em planta baixa associados, explica estes arranjos.

110 | 111

Perspectivas isométricas › **Outras aplicações** › Fotomontagens e colagens

Fotomontagens e colagens

Uma das maneiras mais fáceis de dar realismo a uma ideia de arquitetura é criar uma fotomontagem. Esta técnica produz uma imagem composta por meio de cortes, reuniões e sobreposições de várias fotografias. Em termos de representação em arquitetura, uma fotomontagem pega uma vista existente e sobrepõe a ela a vista de uma proposta, uma edificação ou um projeto. Uma fotomontagem pode ser uma vista em perspectiva ou uma vista das plantas ou elevações da proposta.

A técnica da fotomontagem consegue produzir imagens tão perfeitas que o observador talvez chegue a pensar que se trata de uma edificação existente. O poder da fotomontagem é que ela combina fotografias ou impressões de lugares reais com ideias imaginárias de arquitetura, assim, a imagem resultante parece "real". As fotomontagens são uma maneira importante de convencer o observador de que a arquitetura poderá responder bem ao seu terreno ou contexto.

Tradicionalmente, as fotomontagens de arquitetura eram criadas fotografando-se um terreno e também uma maquete do projeto proposto. As duas fotografias eram então sobrepostas (ou seja, a fotografia da maquete era colocada sobre a do terreno), produzindo uma impressão realista da proposta. Atualmente, com programas de computador como Photoshop, uma imagem digital do terreno pode ser sobreposta a uma imagem de uma maquete convencional ou eletrônica (ou o contrário), gerando uma vista do projeto no seu contexto.

Se a arquitetura nada tivesse a ver com a arte, seria incrivelmente fácil construir casas, mas a tarefa do arquiteto – sua tarefa mais difícil – é sempre fazer seleções.
Arne Jacobsen

Projeto: Torre Phare
Localização: Paris, França
Arquiteto: Morphosis
Data: 2006

Esta fotomontagem cria uma vista incrivelmente realista da proposta feita para a Torre Phare. Ela descreve o impacto que o edifício terá no seu contexto imediato e a escala da nova torre, além de sugerir a aparência do volume contra a linha do horizonte.

A colagem

Derivada do francês "coller" (colar), esta técnica produz uma imagem composta por meio da distribuição, sobreposição e colagem de vários materiais (como fotografias e retalhos de pano) sobre uma base. Artistas como George Braque (1882–1963) e Pablo Picasso (1881–1973) usaram a técnica da colagem para justapor imagens e objetos e criar obras de arte abstrata.

A colagem é utilizada pelos arquitetos para a criação de uma imagem com várias camadas. Estas camadas podem ser fragmentos visuais de terrenos, edificações ou objetos existentes ou propostos, e podem incluir plantas ortogonais, perspectivas, imagens digitais e desenhos bi ou tridimensionais em uma única composição. As colagens oferecem uma representação muito mais abstrata de uma ideia do que as fotomontagens. Elas frequentemente representam a realidade de maneira mais fiel; um arquiteto que utiliza uma colagem para a representação de sua ideia não pretende que ela crie uma impressão de realismo fotográfico.

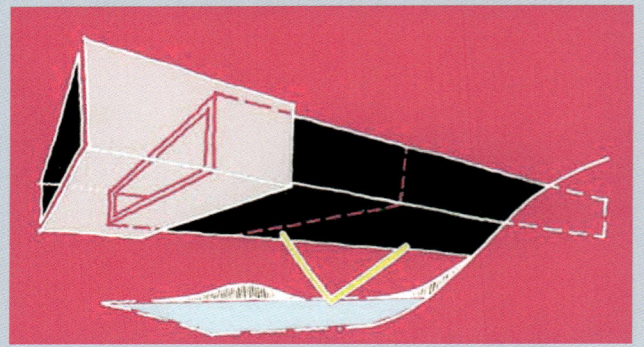

Exercício 4: perspectiva cônica

Fazer croquis em perspectiva exige a compreensão de algumas regras básicas de desenho. A fim de desenhar bons croquis em perspectiva, é importante dedicar algum tempo para a observação do espaço que você pretende representar e determinar os pontos de fuga. Um bom croqui em perspectiva terá proporções corretas. A habilidade de representar as relações entre os diferentes elementos compositivos de uma imagem e sua escala relativa também é fundamental.

Projeto: Área de lazer comunitária em Blackpool
Localização: Blackpool, Inglaterra
Arquiteto: dRMM
Data: 2007

Estas perspectivas cônicas foram utilizadas para dar uma impressão poderosa de um conceito de arquitetura, enfatizando a sensação de movimento e empregando vistas exageradas.

Estes croquis preliminares mostram uma série de pavilhões para um café-restaurante. As arquibancadas são móveis e permitem a criação de inúmeros tipos de espaços externos para apresentações. As perspectivas mostram algumas vistas que os espectadores terão.

Como fazer croquis em perspectiva

Este exercício ensina como fazer um bom croqui em perspectiva. Os materiais necessários serão um bloco de desenho, lápis e canetas, e você precisará identificar uma imagem para representar com uma perspectiva com um ponto de fuga. Uma boa opção é encontrar uma longa vista de um cômodo ou uma rua. Lembre-se: neste estágio, é melhor escolher um espaço simples e se concentrar em fazer um bom registro das linhas gerais do que ser ambicioso demais.

1 Faça uma quadrícula no seu bloco de desenho com aproximadamente 10cm de largura total. Esta malha servirá de plano de referência.

2 Use um lápis para desenhar uma linha vertical.

3 Desenhe sua vista; lembre-se de que ela deve ter proporções corretas, assim, seja cuidadoso e não tenha pressa. Contudo, não se esqueça de que você está fazendo um croqui, logo, o desenho pode ser sem escala.

4 Desenhe uma linha horizontal para sugerir o horizonte, certificando-se de que ela esteja no nível dos olhos do observador.

5 Desenhe uma linha vertical passando pelo ponto intermediário da linha horizontal. Este ponto de cruzamento das duas linhas será o ponto de fuga.

6 Agora trace de maneira ininterrrupta todas as linhas de visão que levam ao ponto de fuga. Estas linhas determinarão a forma do espaço.

7 Quando estiver satisfeito com este esboço, acrescente os detalhes. Não use réguas e desenhe primeiramente linhas suaves e a lápis. Por fim, faça mais detalhes à caneta.

O uso da técnica da colagem pode melhorar ainda mais a imagem que você produziu. Uma boa estratégia para dar escala e realismo à imagem é recortar fotografias de pessoas de revistas velhas e colá-las no seu desenho.

A representação de diferentes revestimentos também melhora a tatilidade, os tons e os contrastes do croqui e pode até mesmo sugerir os tipos de material que seriam empregados no projeto final.

Técnicas de representação

Maquetes

Projeto: Proposta para uma ponte
Localização: Hull, Inglaterra
Arquiteto: Design Engine
Data: 2006

Este projeto foi feito para um concurso de arquitetura cujo tema era uma nova ponte em Hull, que deveria abrir e fechar conforme as circunstâncias. Esta imagem foi gerada a partir de uma maquete eletrônica e demonstra como a ponte abriria e fecharia. A imagem fazia parte de um filme de animação que demonstrava os movimentos da ponte. Atualmente, a animação feita por computação pode incluir movimentos em tempo real como parte de um filme, gerando uma sensação de realismo impressionante.

As maquetes convencionais permitem ao arquiteto explorar uma ideia tridimensionalmente; elas expressam uma ideia de arquitetura de maneira acessível, mostrando imediatamente detalhes da escala, da forma e dos materiais, e podem ser criadas como protótipos de um elemento em tamanho real (como uma porta ou janela), na escala de um cômodo ou mesmo na escala de uma cidade (uma maquete de urbanismo). As maquetes permitem que uma ideia seja estudada em mais detalhes, pois certos elementos do projeto ou suas escalas às vezes não são compreendidos até que sejam vistos no contexto de uma forma modelada.

Os programas de CAD conseguem gerar maquetes eletrônicas incrivelmente realistas, permitindo ao observador visualizar uma série de movimentos internos a uma edificação. As maquetes eletrônicas podem ser utilizadas para o desenvolvimento de formas complexas ao longo de um projeto, contribuindo para a evolução dos volumes e o estudo de várias formas.

Maquetes

As maquetes foram um recurso popular durante o Renascimento (entre o início do século XV e o início do século XVII, em diferentes partes da Europa) e, muitas vezes, eram o único meio empregado para a representação de uma ideia de arquitetura. Os desenhos só se tornaram o principal método de representação em arquitetura durante o período Beaux-Arts (final do século XIX e início do século XX), mas, a partir de meados do século passado, os arquitetos mais uma vez começaram a perceber os benefícios das maquetes como meio de expressão e representação física de suas ideias. Antonio Gaudí, por exemplo, era conhecido por utilizar as maquetes para o desenvolvimento das complexas formas estruturais da catedral da Sagrada Família, em Barcelona.

Mesmo no mundo digitalizado da atualidade, com o avanço das tecnologias em CAD, as maquetes ainda têm muita utilidade. Com uma textura e presença física que pode ser questionada e entendida, elas são vistas de muitos ângulos e sugerem a materialidade e a forma das edificações.

É possível fazer uma maquete em qualquer uma das etapas do desenvolvimento de um projeto de arquitetura, da definição do conceito inicial à apresentação da proposta final. No entanto, diferentes tipos de maquete são utilizados para cada uma destas etapas. Ainda assim, em todos os tipos de maquete as considerações mais importantes que devem ser feitas antes de sua elaboração são a escala, os materiais e a relação da maquete com o conceito de projeto.

Maquetes de conceito

Uma maquete de conceito descreverá uma ideia em termos simples a fim de transmitir com clareza o conceito de arquitetura subjacente. Às vezes, a escolha dos materiais e o uso da cor é um aspecto essencial para que este tipo de maquete consiga isolar e ressaltar a ideia do projeto e garantir que ela seja entendida de modo claro e correto. Nesta etapa do desenvolvimento do projeto, as maquetes de volume, que exploram a forma arquitetônica, são um subtipo bastante útil das maquetes de conceito, uma vez que podem ser rapidamente feitas em escala e com o uso de diversos materiais, como plástico esponjoso, madeira ou papelão, e permitem a compreensão das relações entre as diferentes áreas do terreno.

Projeto: Teatro Gedanense
Localização: Gdansk, Polônia
Arquiteto: Design Engine
Data: 2005

A proposta é uma releitura do teatro elisabetano de Gdansk, utilizando tecnologias de construção, sistemas de controle ambiental, instalações prediais e um projeto de auditório inovadores. Mesmo assim, todos estes elementos foram incorporados de maneira a complementar a familiaridade e a intimidade inerentes à escala e às proporções antigas. Esta maquete de conceito demonstra o impacto que a edificação terá em seu entorno imediato.

Maquetes

Projeto: Torre Phare
Localização: Paris, França
Arquiteto: Morphosis
Data: 2006

A Torre Phare (ou Tour Phare, em francês) é um arranha-céu com 300 metros de altura projetado para ser construído no bairro parisiense de La Défense. O prédio é de autoria do arquiteto Thorn Mayne e sua finalização está prevista para 2012.

A palavra francesa "phare" significa farol, e o prédio foi projetado para ser um marco na linha do horizonte de Paris. A maquete do projeto foi feita para descrever a natureza translúcida da pele de revestimento do prédio. A estrutura se revela em algumas partes do prédio, o qual tem uma aparência quase orgânica.

Maquetes de desenvolvimento

As maquetes de desenvolvimento são feitas em diversas etapas do processo de projeto, a fim de alinhar o conceito da proposta às especificações do programa de necessidades. Estas maquetes orientam o projeto e às vezes mudam radicalmente ao longo do tempo. Elas oferecem a maneira mais rápida para a solução e exploração de problemas tridimensionais, uma vez que o observador consegue olhar por cima, através, por dentro e por fora delas. Uma maquete de desenvolvimento também pode ser utilizada como base para discussão entre o cliente e a equipe de projeto ou como uma ferramenta para a testagem de um aspecto particular da proposta.

Maquetes iluminadas

As maquetes iluminadas produzem efeitos impressionantes com o uso de lâmpadas em miniatura, fibras óticas e materiais transparentes e translúcidos, sendo frequentemente utilizadas para destacar aspectos particulares de uma proposta ou de um projeto.

Além de seu grande valor estético, as maquetes iluminadas são adequadas para a representação de certos projetos. Por exemplo, prédios projetados para serem utilizados principalmente à noite (como teatros, restaurantes ou bares) terão uma presença física diferente à noite e durante o dia, e uma maquete iluminada pode sugerir o impacto que o prédio terá em seu contexto imediato durante a noite.

Maquetes de apresentação

Feitas após a finalização do projeto, estas maquetes podem ser utilizadas para fins de consulta pública antes que o projeto seja executado ou para dar ao cliente uma ideia geral do prédio acabado.

A escala da maquete de apresentação e dos volumes da arquitetura do entorno ou do projeto de paisagismo que a complementa deve ser cuidadosamente considerada. Caso, por exemplo, um projeto se relacione a pontos de referência particulares do contexto, como um prédio importante, uma rua ou um percurso, estes deverão ser incluídos na maquete, uma vez que influíram no desenvolvimento do projeto.

Os materiais empregados na elaboração da maquete e as informações sobre quais materiais de construção eles representam darão mais realismo a uma maquete de apresentação.

Instrumentos para maquetes

Ao contrário do que você poderia pensar, não são necessários instrumentos ou materiais especiais e complicados para fazer maquetes. Os especialistas em elaboração de maquetes às vezes usam máquinas sofisticadas para elaborar maquetes impressionantes e extremamente bem acabadas, mas a maioria dos arquitetos utiliza instrumentos mais rudimentares para fazer suas próprias maquetes.

Instrumentos

Para fazer uma maquete, os instrumentos mais importantes são uma base de apoio para corte, uma régua de aço, tesouras, bisturis, estiletes e cortadores de poliestireno.

Uma base de apoio é empregada para o corte de materiais; ela geralmente é de borracha, mas um pedaço de compensado ou outra superfície resistente também pode ser utilizado. As bases de corte de borracha têm uma retícula impressa, facilitando o corte rápido e preciso em linhas retas.

As réguas de aço têm uma borda de corte perfeita e não são danificadas pelos estiletes durante o uso (uma vantagem que as réguas de plástico não oferecem). Jamais utilize um escalímetro para fazer cortes, pois o estilete riscará suas bordas.

Bisturis bem afiados são importantes para fazer cortes limpos e precisos nos materiais. A qualidade dos cortes feitos é fundamental, assim, não se apresse e faça suas incisões com cuidado. Se uma peça for cortada em um ângulo diferente a 90 graus, sua aresta não ficará perfeita quando for colada à outra peça.

Estiletes são as ferramentas de corte mais úteis, uma vez que são extremamente afiados. Eles precisam ser utilizados com muito cuidado, pois se você exercer pressão demais, a lâmina quebrará. Todos os cortes devem ser feitos com boa iluminação, devagar e com cuidado.

As tesouras devem ser utilizadas apenas para cortar papel ou papelão muito fino. Se você usar madeira para a confecção da maquete, uma serra de bancada, uma serra circular uma ou serra tico-tico também serão necessárias para fazer cortes precisos.

Os cortadores de poliestireno são instrumentos precisos para o corte de plásticos e plásticos esponjosos e produzem arestas perfeitas. Eles possuem um fio fino, o qual é aquecido pela eletricidade e cuja maleabilidade permite que cortes rápidos sejam feitos pressionando-se o material contra eles. Com estes instrumentos é possível fazer rapidamente uma maquete de cidade: primeiro um mapa da cidade é desenhado no plástico e depois são cortadas as quadras.

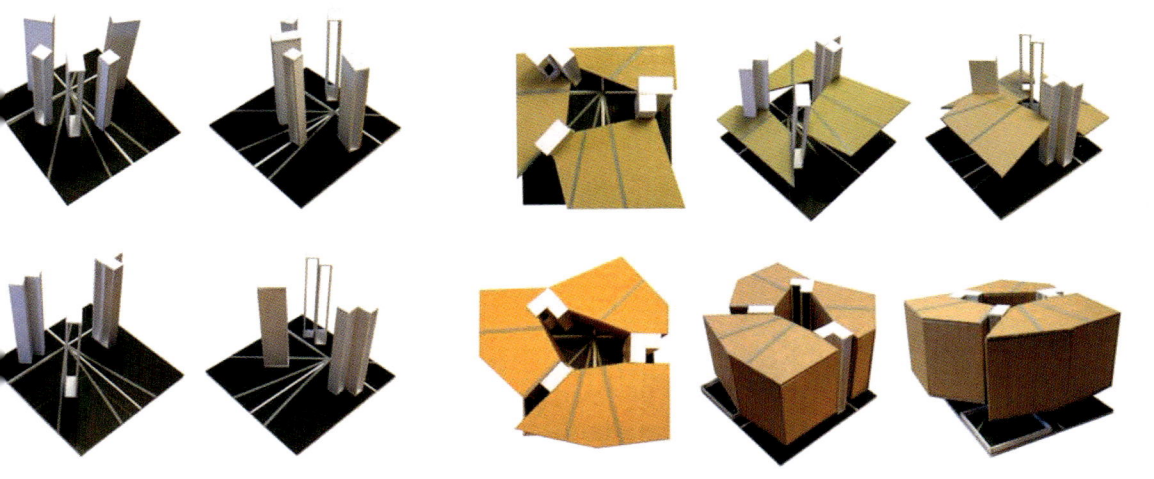

Materiais

A escolha dos materiais utilizados para a construção de uma maquete dependerá da quantidade de tempo disponível, da etapa em que se encontra o projeto e do que desejamos estudar ou mostrar com a maquete. Para decidir os materiais que serão empregados, é necessário levar em conta se eles precisam representar os materiais de construção utilizados na edificação ou se você quer produzir uma maquete "neutra", que se concentrará na forma e na volumetria da edificação.

As maquetes mais "realistas" expressam a materialidade de uma ideia de arquitetura. Em alguns casos, a maquete pode ser feita com um material similar àquele que se pretende para o prédio acabado, embora isso nem sempre seja adequado ou prático.

Outras vezes basta representar na maquete uma característica particular do material de construção imaginado. Por exemplo, se um projeto de arquitetura inclui um telhado de metal extremamente reflexivo, esta característica poderia ser enfatizada com o uso de metal, deixando os demais materiais da maquete para a representação das formas do prédio.

Projeto: Museu de Chichester
Localização: Chichester, Inglaterra
Projeto: Paul Craven Bartle
Data: 2007

O projeto deste prédio iniciou com uma série de torres escultóricas, que serviram de circulação para o museu e para acomodar escadas e elevadores. A seguir, a forma do prédio foi desenvolvida a partir destes elementos, como uma série de plataformas ou níveis. As maquetes foram fotografadas em diversas etapas do desenvolvimento do projeto, para explicar a evolução das ideias.

Materiais para maquetes

As maquetes feitas de materiais como papelão ou madeira são chamadas de "neutras". As maquetes de apresentação (do projeto final) quase sempre serão feitas com outros materiais, mas as maquetes neutras bastam para a representação de volumes e formas de uma proposta de edificação inserida no seu terreno.

Quando você escolher um material para sua maquete, talvez seja uma boa ideia levar em conta as edificações do contexto. As maquetes de edificações projetadas ou já existentes são mais fáceis de ler se elas forem diferenciadas por tipo ou cor de material. A escala da maquete também influi nos materiais mais adequados para sua elaboração. Maquetes que representam cidades, por exemplo, são menos detalhadas do que maquetes de interiores, e as maquetes mais detalhadas às vezes têm várias camadas de material sobrepostas, para serem mais atraentes ou mais realistas.

Papel
Há papéis disponíveis em muitas cores e gramaturas, como cartolina, papel duplex ou papel triplex, os quais podem ser cortados com precisão com um estilete, produzindo arestas precisas. Estas propriedades fazem dos papéis um material versátil para a construção de maquetes. O papelão corrugado consegue se autossustentar, o que faz dele um bom material para paredes e coberturas de uma maquete; suas ondulações também podem sugerir acabamentos particulares de um prédio.

Foam board
Foam board é um material composto por uma camada de plástico esponjoso laminado com cartolina dos dois lados. Ele pode ter pesos variados, por isso é um material útil para a representação de paredes com diferentes espessuras; como é bastante rígido, fica muito firme e se autossustenta em maquetes pequenas. O foam board colorido pode ser empregado para sugerir os diferentes materiais de acabamento de um prédio.

Projeto: Escola John Roan
Localização: Londres, Inglaterra
Arquiteto: Architecture Plb
(maquete de David Grandorge)
Data: 2007

As maquetes de madeira são fáceis de reformar e aprimorar. Esta maquete mostra parte de uma proposta de arquitetura para uma escola londrina que seria realocada. A madeira agrega várias cores e texturas à maquete.

Poliestireno e poliestireno expandido

O poliestireno é um plástico muito flexível que pode ser cortado e modelado com facilidade, criando formas orgânicas. Já o poliestireno expandido (Isopor, Styrofoam) é um plástico esponjoso em placas fácil de cortar, moldar, colar e pintar, e levemente texturizado, o que permite bons acabamentos nas maquetes. Além disso, o poliestireno expandido é leve, fácil de trabalhar e reutilizável.

Madeira

As maquetes de madeira são fáceis de reformar e aprimorar. O pau-de-balsa, a madeira mais utilizada em maquetes, vem de uma árvore tropical e é muito leve (sua densidade é 1/3 da de outras madeiras de lei), portanto, é fácil de cortar, o que permite a elaboração de maquetes precisas.

Também há madeiras utilizadas para acabamentos especiais. A cortiça, por exemplo, é empregada para conferir uma textura aveludada, bastante útil em maquetes na escala urbana.

A madeira pode ser regularizada, com o uso de uma lixa fina, e pintada, o que resulta em diversos acabamentos. Diferentes espécies de madeira, com cores e fibras variáveis, influirão na aparência de sua maquete.

Materiais para maquetes

Projeto: Queen Mary University
Localização: Londres, Inglaterra
Arquiteto: Alsop Architects
Data: 2005

O projeto de Alsop Architects desta proposta para a Queen Mary University contrasta formas tridimensionais marcantes dentro de uma caixa. Esta maquete foi feita de acetato, um material transparente que permite que as formas estruturais do projeto sejam lidas de inúmeros ângulos.

Metal

O metal é utilizado na elaboração de maquetes para sugerir vários acabamentos e revestimentos de paredes e coberturas. As folhas de metal podem ser de alumínio, cobre, latão ou aço, perfuradas ou corrugadas, em forma de malha ou em chapas simples.

Materiais transparentes

Estes materiais conferem características interessantes às maquetes. O acetato e o acrílico podem ser completamente transparentes ou ter acabamento translúcido; acrílicos coloridos também produzem bons efeitos nas maquetes. O uso de lâmpadas para a iluminação de materiais transparentes realça o efeito das características de um projeto.

Escala e acabamentos

A inclusão de objetos de escala imediatamente reconhecível torna uma maquete mais realista e ajuda o observador a entender as proporções da proposta de arquitetura. Estes objetos podem ser figuras humanas, automóveis ou árvores – qualquer elemento que um observador consiga identificar imediatamente.

O acabamento deve ser cuidadosamente avaliado em todas as etapas da elaboração de uma maquete. O corte dos materiais exige precisão, logo, ele não pode ser feito às pressas, e as partes devem ser montadas com atenção. Estes cuidados garantirão que a maquete seja considerada como um elemento importante da apresentação do projeto.

Observações sobre adesivos

Cada material exigirá um tipo de adesivo ou cola para sua fixação adequada. Certifique-se sempre de que esteja usando os adesivos apropriados, caso contrário a maquete poderá se descolar ou ficar manchada. Alguns adesivos podem inclusive dissolver certos materiais de sua maquete.

- Alguns adesivos ficam transparentes após a secagem, uma característica que pode ser importante.
- Os adesivos em aerossol permitem que as peças sejam reposicionadas antes da secagem, o que é útil na colagem de papéis e cartolinas.
- O PVA (acetato de polivinil) é uma cola de uso universal boa para materiais porosos, como a madeira.
- Para um bom acabamento, uma alternativa é usar gotículas de cola nos materiais e depois colocá-los em contato.
- As colas de contato, como o nome sugere, fixam os materiais com o mero contato.
- Para alguns materiais, é necessário o uso de colas especiais. A cola de pau-de-balsa, por exemplo, é indicada para o pau-de-balsa e outras madeiras leves.
- As fitas adesivas são úteis para fixar as peças em posição durante a secagem da cola. A fita crepe não deixa marcas nos materiais de modelagem, e a fita dupla face permite a fixação rápida de duas peças.
- As pistolas de cola quente são rápidas no uso e na secagem da cola.

Escalas das maquetes

Ainda que algumas maquetes sejam abstratas e, portanto, não precisem de escala (a exemplo das maquetes de arquitetura preliminares, como as maquetes de conceito, que exploram ideias sobre os materiais e a forma e nem sempre precisam estar em escala), o uso de uma escala pode ser vantajoso, pois permite que o observador estude o tamanho real ou relativo de uma edificação ou de um espaço proposto.

À medida que uma ideia de arquitetura é desenvolvida, muda a escala empregada para as maquetes de estudo:

- A maquete de um plano diretor urbano será na escala de 1:2.500 ou 1:1.250. Estas escalas são similares às utilizadas em mapas e permitem que certas características de uma cidade sejam relacionadas entre si.
- A maquete de uma grande edificação incluirá o terreno e será na escala de 1:500. Com o desenvolvimento do projeto, as escalas de estudo mudarão até chegar à escala de 1:50 ou 1:20, as escalas geralmente utilizadas nas plantas baixas de cômodos.
- Maquetes feitas em escala de 1:10, 1:5 ou 1:2 normalmente são utilizadas para representar detalhes de materiais de uma edificação ou de um espaço ou para mostrar como os componentes se unem e se encaixam.
- Algumas maquetes são feitas em tamanho ou escala real. Se um componente da edificação, como uma janela, uma estrutura ou uma cobertura, precisar ser submetido a testes especiais, ele poderá ser manufaturado e reproduzido como um protótipo em tamanho real, ou seja, na escala de 1:1. As maquetes em tamanho real permitem o estudo detalhado do componente proposto para a edificação em sua forma "verdadeira".

Projeto: Escola John Roan
Localização: Londres, Inglaterra
Arquiteto: Architecture Plb
(maquete de David Grandorge)
Data: 2007

Esta maquete dá uma ideia geral do projeto de uma escola em Londres. A escola será o foco de um plano diretor urbano que combinará espaços comunitários, habitacionais e comerciais.

A maquete tira partido de diferentes madeiras a fim de distinguir as edificações existentes do prédio proposto. Os vários tipos de madeira também ajudam a diferenciar os materiais de construção propostos para os revestimentos das elevações e da cobertura.

Escalas das maquetes

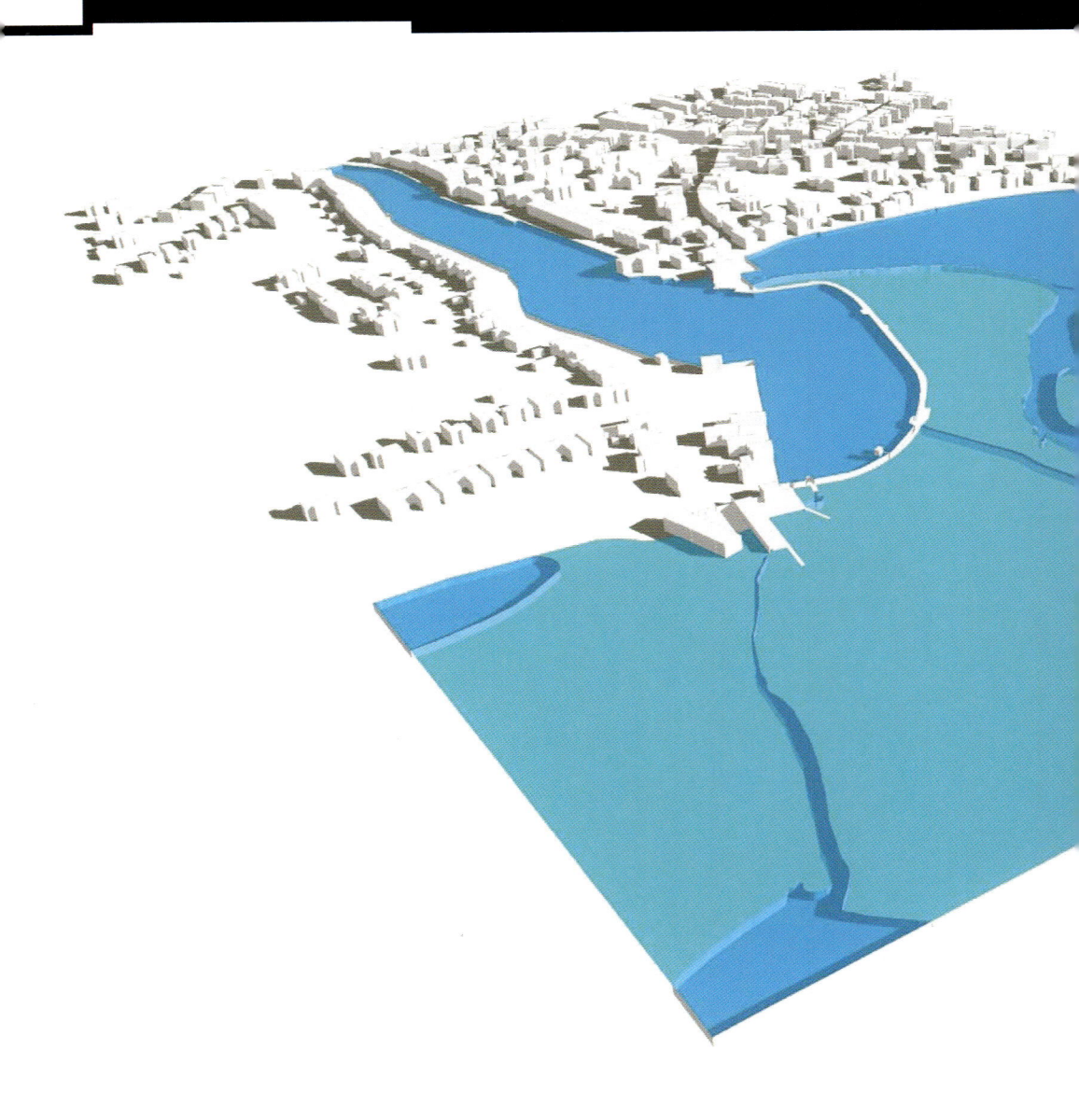

Maquetes

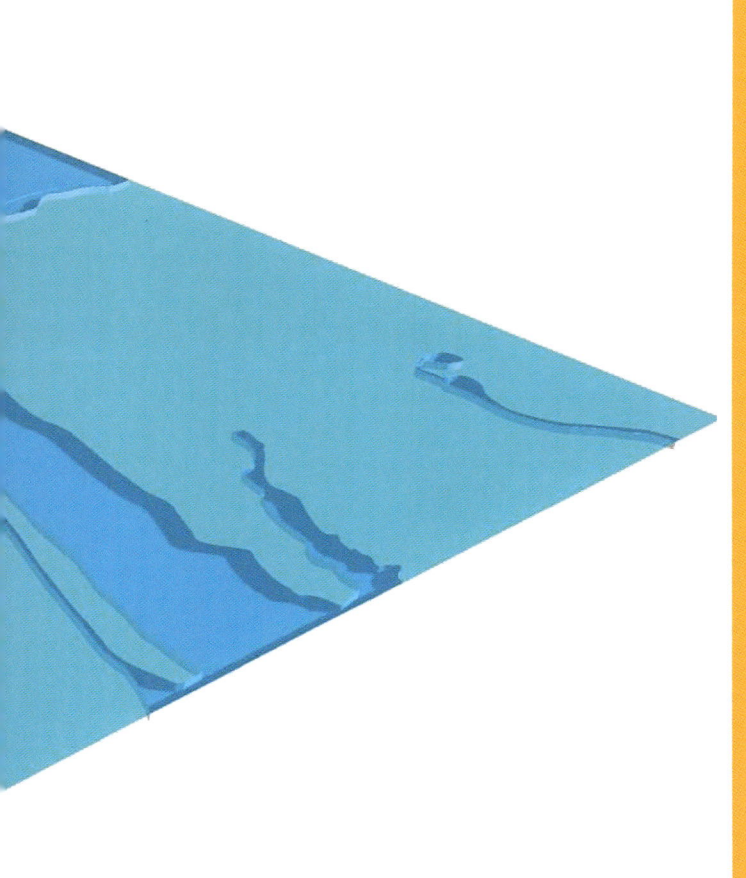

Projeto: Centro de Atividades de Emsworth
Localização: Emsworth, Inglaterra
Projetista: Khalid Saleh
Data: 2007

O terreno que acomodará este centro de atividades fica à beira-mar e é adjacente a uma área residencial relativamente densa. Esta maquete eletrônica descreve bem o terreno e explica sua localização crucial. A maquete também inclui a paisagem do entorno e a profundidade variável da água, um fator importante para o projeto.

Como fotografar maquetes

Embora uma maquete seja feita principalmente para ser observada e estudada em sua forma tridimensional, se ela for fotografada, poderá ser incluída em um portfólio de trabalhos ou aproveitada para a criação de imagens em CAD, fotomontagens ou colagens. Eis alguns conselhos importantes para a fotografia de maquetes:

- Estude cuidadosamente as vistas e use um fundo neutro, como uma folha de papel preto ou branco, que contraste com a maquete.

- Sempre que possível, tente fotografar sua maquete ao ar livre, usando o céu como pano de fundo. Isso ajuda a reforçar o realismo geral do trabalho.

- Estude as luzes e sombras que incidem sobre a maquete. Posicione a maquete com a mesma orientação que o projeto terá na realidade, tornando sua maquete uma representação mais fiel da proposta.

- Certifique-se de que não haja objetos ou elementos estranhos dentro do campo de visão da fotografia, um erro que pode arruinar a ilusão de escala da maquete.

- Fotografe a maquete de vários ângulos, obtenha imagens gerais e então faça *zooms*, para capturar alguns detalhes. Isso lhe fornecerá várias vistas da maquete que poderão ser aproveitadas em outros recursos de apresentação.

- Em certos casos, é interessante fotografar a maquete durante suas várias etapas de elaboração, pois isto ajudará a mostrar as fases de desenvolvimento da ideia de arquitetura.

Maquetes eletrônicas

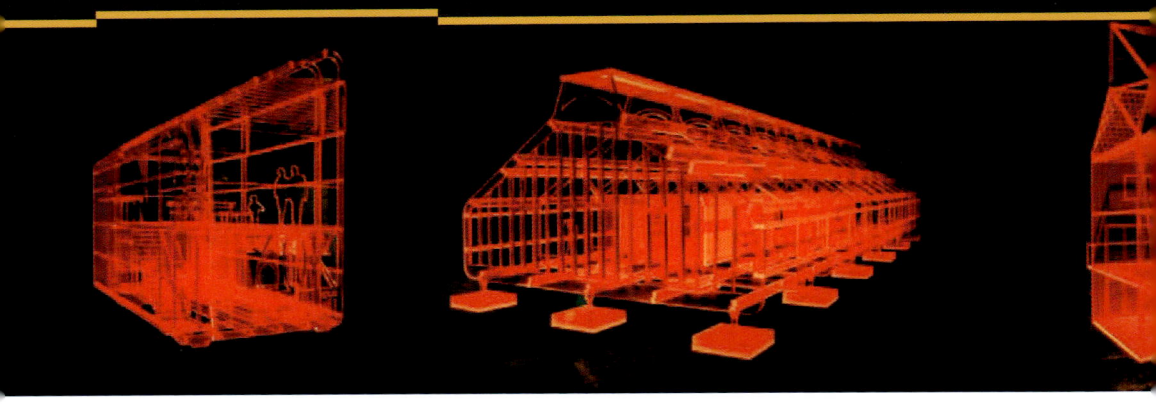

Projeto: *Wireframes*
Arquitetos: Piercy Connor Architects
Data: 2006

Estas imagens ilustram ideias de arquitetura na forma de *wireframes*. Os prédios são visualizados como se fossem transparentes, sem revestimentos ou materiais de vedação. Uma *wireframe* é uma ferramenta útil para o desenvolvimento de uma ideia de projeto, além de gerar uma imagem poderosa para apresentações.

O projeto assistido por computador (CAD – Computer Aided Design) ajuda na geração de desenhos bidimensionais – plantas, cortes e elevações –, bem como na criação de desenhos tridimensionais – maquetes eletrônicas interativas.

Desenvolvidos originalmente na década de 1960 para aplicações comerciais nas indústrias aeroespacial e eletrônica, os programas de CAD foram aprimorados para o uso em computadores pessoais (PCs) durante a década de 1980. Autodesk e AutoCAD foram os primeiros programas de CAD desenvolvidos para PCs (em 1981). Programas de CAD para o sistema Macintosh foram desenvolvidos e disponibilizados mais tarde, mas ainda na mesma década. Hoje, a maioria dos programas de CAD funciona em ambas as plataformas.

Em geral, os projetos feitos em CAD são "desenhados" em um monitor com o uso de um mouse, mas alguns sistemas empregam uma caneta de toque e *tablet*. Nestes sistemas, o programa de CAD registra as linhas e os pontos feitos na tela pela caneta de toque.

A criação de maquetes em CAD, chamadas de maquetes eletrônicas, oferece ao arquiteto a possibilidade de apresentar uma proposta em qualquer uma das etapas de seu desenvolvimento, adaptar de maneira rápida o projeto, utilizar recursos gráficos impressionantes e mostrar uma variedade de vistas internas e externas de uma edificação ou de um espaço.

Protótipos rápidos

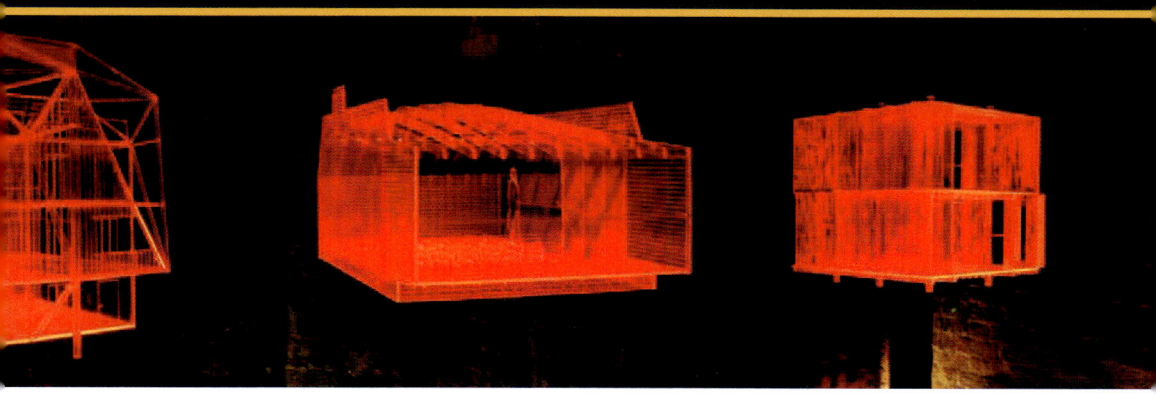

Os protótipos rápidos são feitos por processos de modelagem que permitem a construção de maquetes convencionais com o uso dos dados obtidos nas maquetes eletrônicas. A estereolitografia, geralmente considerada a primeira técnica de prototipagem rápida, foi desenvolvida em 1986 pela empresa 3D Systems, sediada em Valência, na Califórnia (EUA).

A prototipagem rápida também é conhecida como "fabricação de forma sólida livre", "fabricação automatizada por computador" ou "fabricação por camadas". Todas essas denominações se referem em essência ao mesmo processo de trabalho: um computador é conectado a um equipamento que interpreta os dados e gera uma maquete eletrônica, a qual é então transformada pelo mesmo equipamento em uma maquete "convencional" usando camadas de papel, plástico ou outro material. O uso da prototipagem rápida significa que exatamente o mesmo modelo existe no mundo virtual (em CAD, a maquete eletrônica) e no mundo físico (a maquete convencional ou tradicional).

Programas de CAD

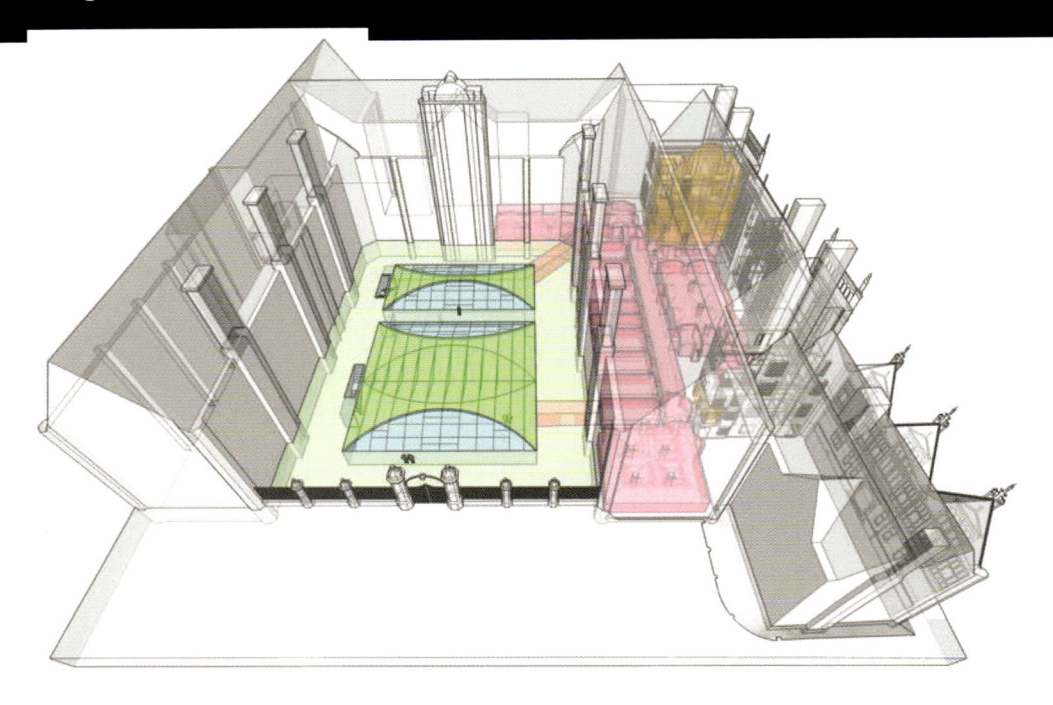

A fim de fazer uma maquete eletrônica de maneira eficaz, vale a pena empregar vários programas de computador. Grosso modo, os programas de CAD são categorizados em três tipos: programas que oferecem a funcionalidade de criar desenhos bidimensionais, programas de geração de desenhos tridimensionais (as maquetes eletrônicas) e programas híbridos, que produzem ambos os tipos de desenho.

Ao utilizar programas de CAD, é importante trabalhar com diferentes aplicativos, já que cada um apresentará suas vantagens específicas, como a possibilidade de geração de sofisticados filmes editados e o uso de pacotes de renderização, que geram imagens realistas de diferentes materiais de construção. A maioria dos pacotes de desenho é constantemente atualizada e relançada em novas versões do mesmo programa, agregando ferramentas aprimoradas e recursos inovadores. Nos últimos anos, os avanços na funcionalidade dos programas de CAD têm permitido a geração de maquetes eletrônicas de um realismo impressionante.

O CAD nas diferentes etapas de desenvolvimento de um projeto

A criação de desenhos em CAD e maquetes eletrônicas não deve ser considerada como um substituto para o uso de maquetes tradicionais, desenhos à mão e croquis. Em vez disso, os programas de CAD facilitam o desenvolvimento de volumes e formas que não teriam como ser criados por meio de plantas, cortes e elevações e, portanto, são ferramentas que devem ser utilizadas em momentos cruciais de um projeto.

O primeiro destes momentos é a etapa inicial de definição da volumetria de um partido. As maquetes eletrônicas podem ser empregadas nesta etapa para gerar uma imagem geral da escala da edificação proposta e para sugerir sua forma externa, assim como seu impacto provável no entorno imediato.

Outra vantagem importante é o fato de que as maquetes eletrônicas de interiores podem mostrar uma série de vistas aéreas (veja as páginas 140–141), oferecendo ao observador um "filme" do projeto proposto. Muitos programas de CAD oferecem a funcionalidade de dirigir e editar uma sequência de vistas aéreas de uma maquete eletrônica.

Por fim, o uso dos pacotes de renderização dos programas de CAD significa que acabamentos de materiais podem ser digitalizados e aplicados (como se fossem papel de parede) às maquetes eletrônicas. Estes pacotes também oferecem opções de iluminação, projetando sombras dentro e fora de uma edificação e melhorando ainda mais o realismo das imagens.

Projeto: Sala de exames da Oxford University
(página ao lado e à direita)
Localização: Oxford, Inglaterra
Arquiteto: Design Engine
Data: 2006

As maquetes eletrônicas são utilizadas para descrever conceitos de várias maneiras. Aqui, os arquitetos da Design Engine empregaram uma *wireframe* para criar uma estrutura transparente que gerou vistas do espaço destinado a ser a sala de exames da Oxford University.

Programas de CAD

Maquetes

Projeto: Centro de Visitantes, Hardwick Park
Localização: Durham, Inglaterra
Arquiteto: Design Engine
Data: 2006

Estas imagens em CAD fazem parte de uma proposta para um novo centro de interpretação para visitantes. A forma do centro foi gerada por meio da tecnologia de construção de pontes; cada setor da estrutura do prédio foi revestido de aço Cor-Ten, em função do acabamento natural "enferrujado" deste material.

O conceito do centro de visitantes foi inspirado na forma natural de uma avelã e assim o pavilhão parece um objeto "encontrado" em um bosque, imitando formas naturais e orgânicas.

Novos recursos

Além de gerar vistas espetaculares, os programas de CAD têm possibilitado um novo tipo de arquitetura. Formas complexas, que antigamente não eram possíveis, hoje são modeladas em programas de CAD, os quais também permitem a testagem de sua forma, sua estrutura e seus materiais. Para este tipo de forma de arquitetura, a tecnologia CAD é fundamental, pois, em suma, as maquetes tradicionais não permitiam o estudo minucioso destas ideias de maneira suficiente para convencer clientes e engenheiros da possibilidade do projeto.

Para a modelagem destas novas formas de arquitetura, são utilizados aplicativos especiais de CAD. VectorWorks é um pacote de desenho muito útil para a criação de desenhos bidimensionais (plantas, cortes e elevações) que também oferece um pacote de modelagem tridimensional.

ArchiCAD surgiu como um pacote de modelagem tridimensional, mas atualmente também possibilita a geração de desenhos bidimensionais. Ele pode ser utilizado com programas adicionais a fim de criar acabamentos realistas de materiais de construção e séries de vistas aéreas dos projetos.

AutoCAD é um programa disponível no mundo inteiro, utilizado como o *software* padrão de muitos arquitetos e engenheiros.

Google SketchUp é empregado para gerar e modificar maquetes eletrônicas de maneira rápida e fácil. Quando utilizado com o Google Earth, o SketchUp permite que nossas maquetes eletrônicas sejam inseridas no terreno do projeto, usando as coordenadas do local, e compartilhadas, com o programa Google 3D Warehouse.

Os pacotes de renderização, como artlantis ou Autodesk 3D Studio Max, funcionam com outros programas de desenho e geram acabamentos coloridos ou de materiais impressionantes nas maquetes eletrônicas.

Programas de CAD

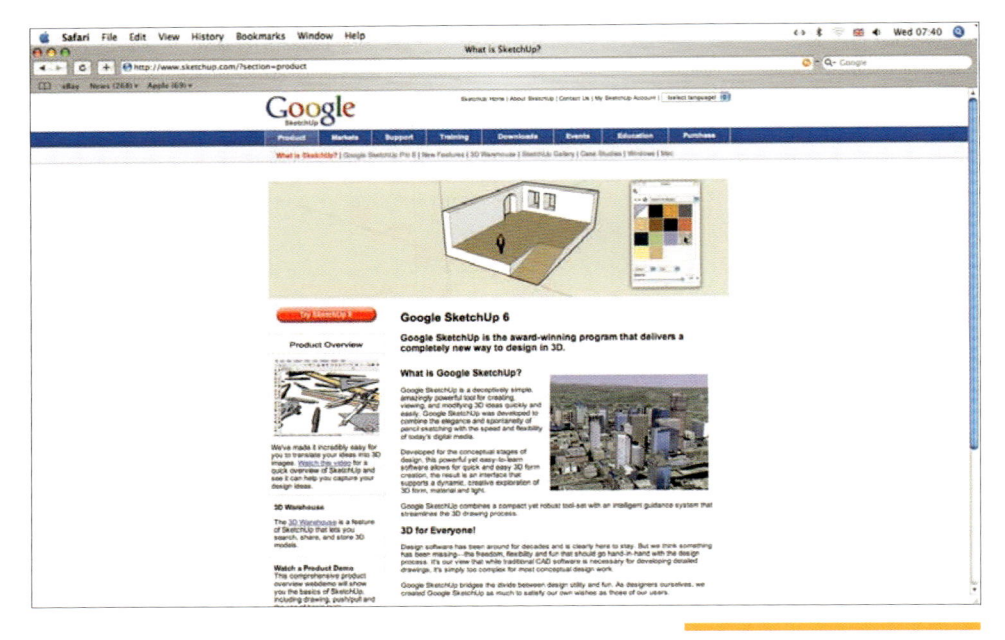

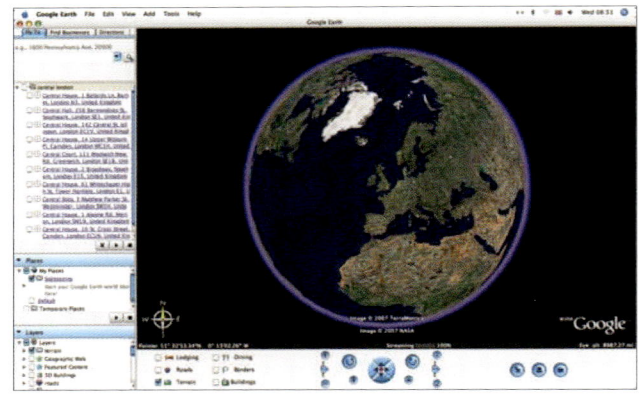

Google SketchUp e Google Earth

Google SketchUp, disponível no site www.sketchup.com, é um programa de uso fácil e intuitivo que permite a geração rápida de formas tridimensionais. Uma vez gerada a forma, o SketchUp possibilita a criação de aberturas, para representar portas e janelas.

O programa Google Earth mostra qualquer localidade do mundo em uma fotografia aérea, embora algumas áreas apresentem mais detalhes do que outras. O Google Earth pode ser empregado junto com SketchUp, o que significa que é possível desenhar uma forma no SketchUp e então inseri-la na imagem do terreno gerada pelo Google Earth. Isto cria imagens que não somente mostram um conceito geral, mas também permitem que a ideia seja visualizada em seu contexto real.

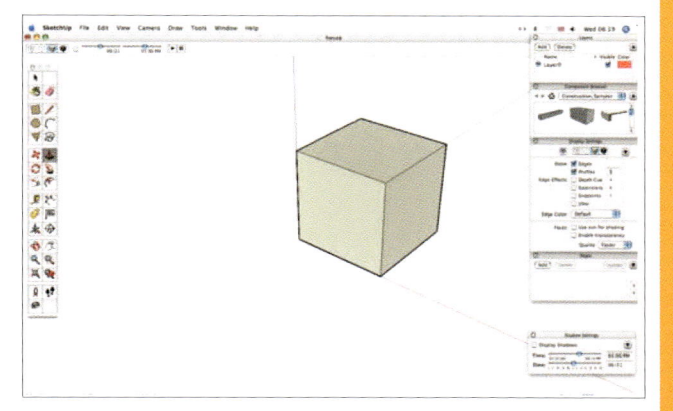

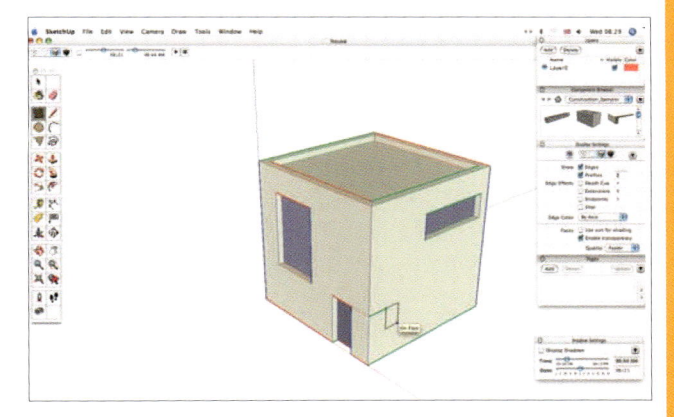

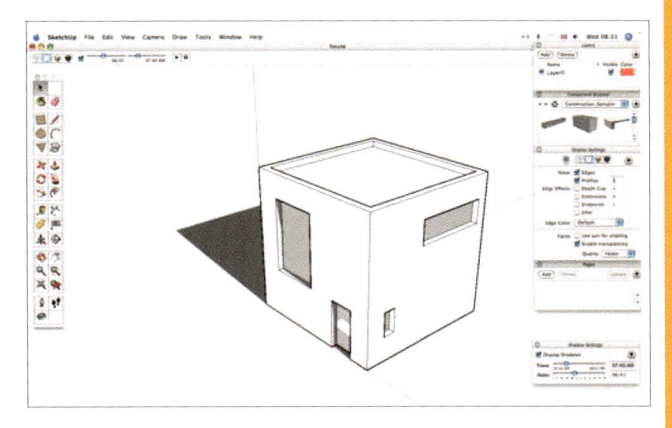

Formatos de arquivos

Muitos programas de computador aceitam a transferência de dados e desenhos entre duas plataformas. Se os desenhos forem salvos como arquivos do tipo neutro, eles poderão ser acessados por outros programas.

- Os arquivos do tipo DWG são originários do pacote AutoCAD, mas acabaram se tornando o arquivo padrão para o intercâmbio de arquivos de desenho. O formato DXF é uma variante. A maior parte dos programas de CAD (como AutoCAD, Autodesk, MicroStation, VectorWorks e ArchiCAD) emprega o formato DWG.

- Os desenhos também podem ser salvos como arquivos JPEG e transferidos de um programa para outro. JPEG é a redução de Joint Photographic Experts Group, o nome do comitê que criou o padrão.

- STL é um formato de arquivo originário de um programa de CAD da estereolitografia.

Vistas aéreas em série

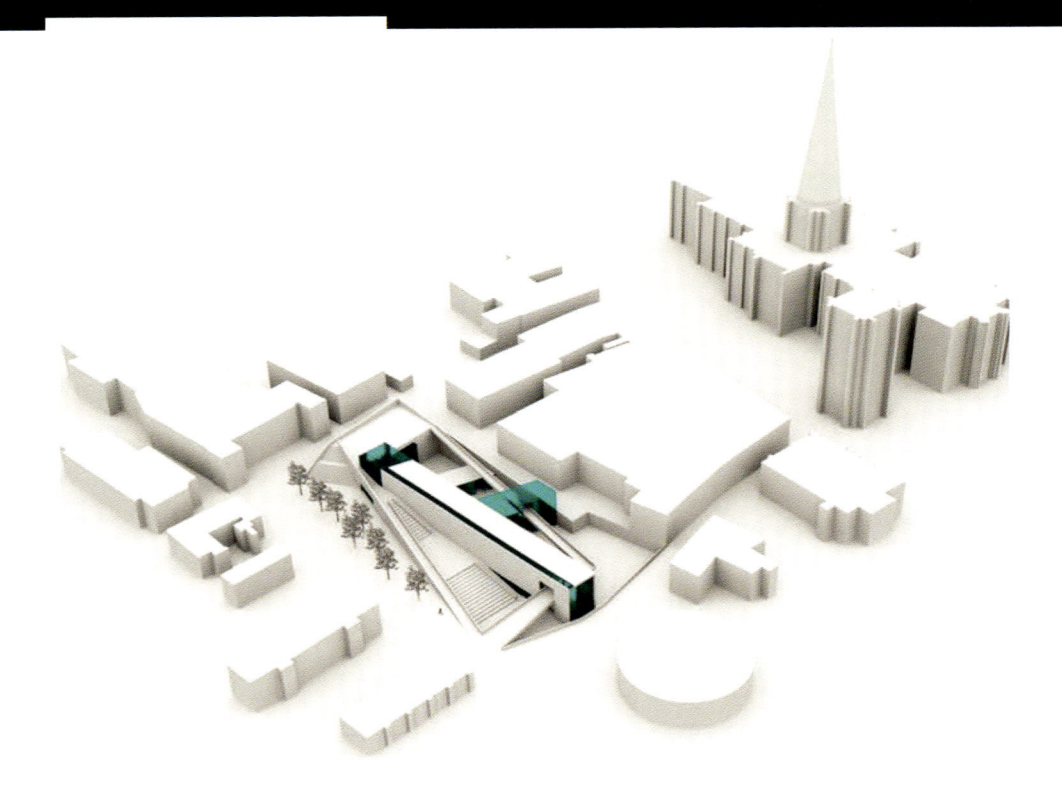

Quando uma maquete – seja ela eletrônica ou tradicional – é criada para representar, explicar e estudar um projeto de arquitetura, sua vantagem (em relação aos desenhos) é que ela permite a análise de muitas vistas diferentes de uma edificação.

Muitos programas de CAD possibilitam o estudo de uma maquete eletrônica por meio da técnica das vistas aéreas em série. Esta técnica se refere à obtenção de vistas individuais da maquete e sua edição posterior, de modo a formar uma série de imagens conectadas que dão a ideia de que o observador está voando pelo prédio ou espaço.

A técnica das vistas aéreas em série também pode ser empregada com maquetes tradicionais. Neste caso, as maquetes são fotografadas de diversos ângulos e então as imagens são organizadas de modo a sugerir um percurso pela proposta de projeto que melhor descreva o conceito de arquitetura.

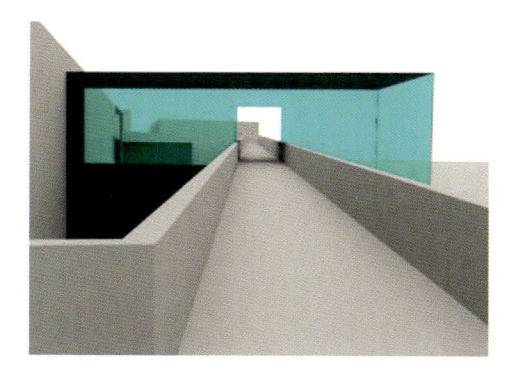

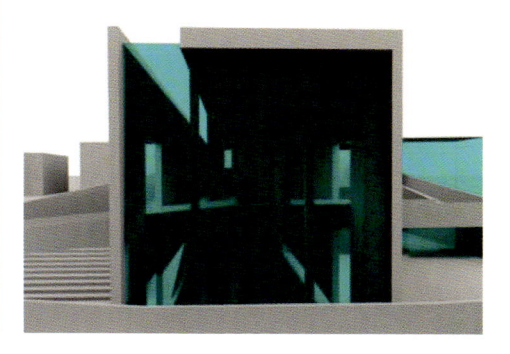

Projeto: Museu de Chichester
Localização: Chichester, Inglaterra
Projetista: Khalid Saleh
Data: 2007

Estas imagens mostram uma série de maquetes eletrônicas geradas para o projeto de um museu. O terreno do museu fica adjacente a uma importante catedral, e esta implantação influiu no conceito da proposta. A flecha da torre da catedral, por exemplo, deveria ser visível de vários pontos do museu.

As vistas aéreas em série geradas pelo CAD permitem que se faça um passeio pelo projeto e que as vistas associadas sejam compreendidas. As imagens foram geradas com diversos programas. Inicialmente, a proposta foi feita pelo programa VectorWorks; depois os desenhos foram importados para o programa SketchUp, para a geração das maquetes eletrônicas, e, por fim, foram renderizados com 3ds Max. As imagens em perspectiva mostradas acima foram editadas com Photoshop.

Exercício 5: maquete

Projeto: Maquete de conceito
Projetista: Alsop Architects
Data: 2006

Esta é uma maquete abstrata, sem escala, que se concentra na forma relativa e no uso dos materiais para a descrição da ideia de arquitetura.

Um dos aspectos importantes de um projeto de arquitetura é a ideia de que formas e volumes são influenciados por muitas coisas diferentes. A pintura – especialmente a pintura abstrata – pode ser entendida como uma forma tridimensional e tem sido a fonte de inspiração de muitas ideias e conceitos de arquitetura.

Gerrit Rietveld, por exemplo, criava obras de arquitetura relacionadas com o trabalho de artistas como Piet Mondrian, que em suas pinturas usava a cor para sugerir formas.

Converter duas dimensões em três

Neste exercício observaremos uma imagem bidimensional e, por meio de uma série de etapas, a interpretaremos como uma imagem tridimensional, ou seja, uma maquete eletrônica. Este processo exemplifica o pensamento de projeto envolvido na criação da arquitetura.

1. Para começar, observe uma pintura abstrata. Olhe-a com atenção, para entendê-la.

2. Agora esboce todas as imagens ou formas que você vê nela. Faça uma série de croquis rápidos que representem suas diferentes interpretações da pintura.

3. Quando os croquis estiverem terminados, observe-os para determinar os diferentes volumes e as formas em cada um deles.

4. Agora, faça maquetes rápidas destas formas, utilizando papel ou papelão e fita adesiva. Estes materiais permitirão a geração de uma série de maquetes relacionadas com seus croquis.

5. Selecione o croqui inicial que parece mais interessante. Pense sobre sua forma e continue desenvolvendo-a, talvez com o uso de mais material ou outros materiais ou com a mudança de suas dimensões.

6. Crie uma obra final que corresponda aos seus estudos sobre a escala, os materiais e as formas.

7. Por fim, reúna a pintura inicial, seus croquis, as maquetes de estudo e a maquete final. Este conjunto representará seu processo pessoal de projeto na transformação de uma imagem bidimensional em uma forma tridimensional.

1a+b 2 3

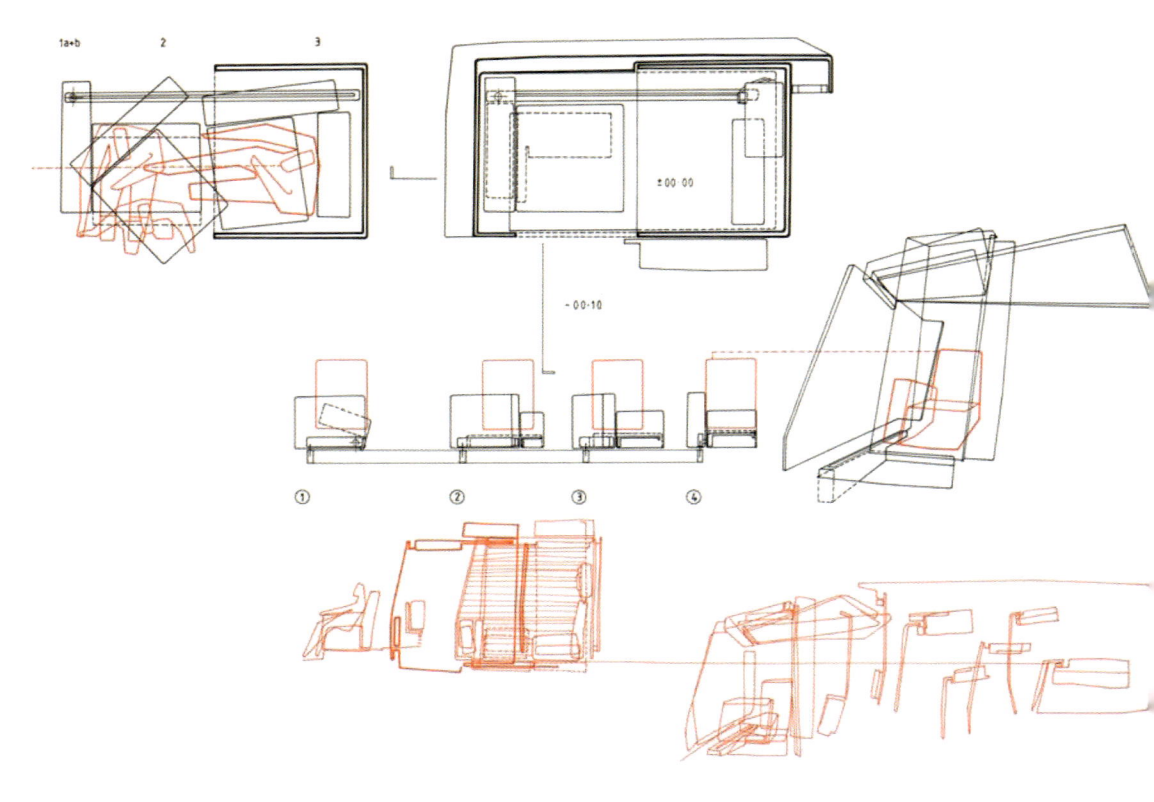

① ② ③ ④

Técnicas de representação

Projeto: Cabina de Vidro
Localização: Projeto conceitual
Arquiteto: C. J. Lim / Studio 8
Data: 2006

Esta proposta é descrita por meio de uma série de plantas baixas, elevações e perspectivas associadas. Na primeira planta baixa, as linhas pretas e vermelhas ajudam a distinguir a forma arquitetônica da figura humana. A combinação de diferentes formas de representação oferece uma descrição coerente da ideia de arquitetura.

No projeto de arquitetura, o leiaute e a forma de apresentação são partes cruciais do desenvolvimento de uma proposta, pois o arquiteto depende muito da representação adequada de suas ideias para convencer o observador da viabilidade do projeto. O arquiteto precisa criar imagens graficamente sedutoras que sejam ao mesmo tempo interessantes e envolventes e que descrevam a proposta de projeto tão bem que os observadores consigam se imaginar neste espaço futuro.

A adequação do tipo de apresentação ao conceito de projeto deve ser cuidadosamente considerada e equilibrada. Desenhos como plantas, cortes e elevações explicam uma edificação com medidas e formas definidas. Outros desenhos podem ser mais evocadores e sugerir o entorno e a experiência da arquitetura. As propostas de edificações modernas e minimalistas são muitas vezes descritas por meio de desenhos também minimalistas que usam linhas simples e fundos despojados, enquanto as propostas de edificações com uma estética clássica são apresentadas em desenhos mais decorados e ornamentados. A adequação de uma apresentação é determinada pela relação entre os desenhos e o estilo da arquitetura.

O leiaute também faz parte do processo de projeto. A distribuição ou organização dos desenhos de modo que eles contem a história da arquitetura de maneira bem pensada e coerente é vital para que o arquiteto comunique com sucesso sua proposta de projeto. Um "jogo" de desenhos de arquitetura (neste caso, o termo é utilizado apenas para sugerir a conexão entre os desenhos individuais, de modo a descrever a arquitetura da maneira mais coerente possível) deve inserir a edificação em seu contexto físico e de projeto.

Leiaute de apresentações

Tamanhos de papel ISO
Formato Série A

Tamanho	Milímetros
A0	841 x 1.189
A1	594 x 841
A2	420 x 594
A3	297 x 420
A4	210 x 297
A5	148 x 210
A6	105 x 148

Formato Série B

Tamanho	Milímetros
A0	1.000 x 1.414
A1	707 x 1.000
A2	500 x 707
A3	353 x 500
A4	250 x 353
A5	176 x 250
A6	125 x 176

Formato Série C

Tamanho	Milímetros
A0	917 x 1.297
A1	648 x 917
A2	458 x 648
A3	324 x 458
A4	229 x 324
A5	162 x 229
A6	114 x 162

O leiaute das imagens de arquitetura afetará a interpretação que o observador terá de um conceito de projeto. O jogo de plantas, cortes e elevações pode ser organizado de modo a criar uma forma tridimensional de uma proposta de projeto e a maneira pela qual estes desenhos são apresentados é importante; distribuídos de maneira correta, eles contarão a história "certa".

As plantas servem como mapas, explicando as relações entre recintos, espaços e circulações. Os cortes, quando lidos junto com as plantas, explicam os pé-direitos e as relações verticais entre os espaços de uma edificação. As elevações mostram as relações entre as aberturas de portas e janelas descritas nas plantas. A fim de narrar de maneira correta a arquitetura, estes desenhos devem ser apresentados cuidadosamente, para que suas inter-relações fiquem evidentes.

Tamanhos de papel

Muitos desenhos de arquitetura são gerados por meio de programas de CAD, os quais podem produzir imagens em qualquer formato e tamanho. A decisão sobre qual será o tamanho destas imagens é determinada pelo formato de impressão, o qual, por sua vez, é influenciado pelo local e modo de apresentação do trabalho.

Formatos maiores (como A0, A1 e A2) são úteis para desenhos de apresentação pública ou em exposições. Já os formatos A3 e A4, por serem menores, são mais rápidos e baratos de produzir, mas a quantidade de informações transmitidas está limitada ao tamanho de suas folhas.

Retrato ou paisagem?

Uma vez escolhido o tamanho do papel, a próxima decisão é quanto à orientação das folhas.

O formato paisagem descreve a orientação horizontal; o formato retrato, a orientação vertical. Esta terminologia originou-se nas belas artes, uma vez que as pinturas chamadas de paisagens (como sugere o nome) geralmente representam cenas de paisagens e do horizonte, enquanto as pinturas de retratos tradicionalmente representam uma figura ou face humana dentro de um enquadramento vertical.

A escolha do tipo de "enquadramento" de um desenho de arquitetura é influenciada por fatores similares. Uma edificação inserida na paisagem, por exemplo, ficará mais bem enquadrada no formato paisagem, enquanto o projeto de um arranha-céu provavelmente ficará melhor no formato retrato.

Tradicionalmente, todos os desenhos de arquitetura eram apresentados no formato paisagem. Os desenhos eram produzidos em pranchas no formato paisagem e as elevações eram organizadas em tiras horizontais que se relacionavam com as plantas do prédio, permitindo uma boa relação entre os desenhos da folha.

Atualmente, os desenhos de arquitetura devem projetar uma "realidade plausível": espaços reais com usos, estilos de vida ou experiências associados. De certa maneira, os desenhos de arquitetura podem ser utilizados como uma forma de propaganda, projetando a proposta de arquitetura como uma escolha de estilo de vida para o observador. Muitas vezes, estes desenhos de apresentação precisam incluir tanto os elementos práticos e mensuráveis quanto imagens inspiradoras e impressionantes.

Tamanhos de papel ANSI

Em 1995, o American National Standards Institute (ANSI) adotou a norma ANSI/ASME Y14.1, que definiu uma série regular de tamanhos de papel. Esta série é similar ao padrão de tamanhos de papel ISO, uma vez que o corte de uma folha pela metade resulta em duas folhas do tamanho imediatamente menor.

Nome	Polegadas	Milímetros	Tam. ISO similar
ANSI A	8 x 11	279 x 216	A4
ANSI B	11 x 17	432 x 279	A3
ANSI C	17 x 22	539 x 432	A2
ANSI D	22 x 34	864 x 539	A1
ANSI E	34 x 44	1.118 x 864	A0

Além do sistema ANSI, há uma série correspondente de tamanhos de papel utilizada para desenhos de arquitetura. Assim como na outra, nesta série cada tamanho padronizado equivale à metade do tamanho subsequente.

Nome	Polegadas	Milímetros
Arch A	12 x 9	305 x 229
Arch B	18 x 12	457 x 305
Arch C	24 x 18	610 x 457
Arch D	36 x 24	914 x 610
Arch E	48 x 36	1.219 x 914
Arch E1	42 x 30	1.067 x 762

Leiaute de apresentações

Projeto: Chambers Street
Arquiteto: David Mathias
Data: 2004

Este mapa faz parte de um projeto de "coreografia de uma rua" e se relaciona tanto com um lugar específico como com um percurso particular. O mapa reúne desenhos abstratos e linhas para formar uma composição completa. Os desenhos utilizam linhas de diferentes maneiras: às vezes elas são grossas e contínuas, outras vezes tracejadas. Podemos interpretar esta imagem como um desenho formal ou uma imagem abstrata.

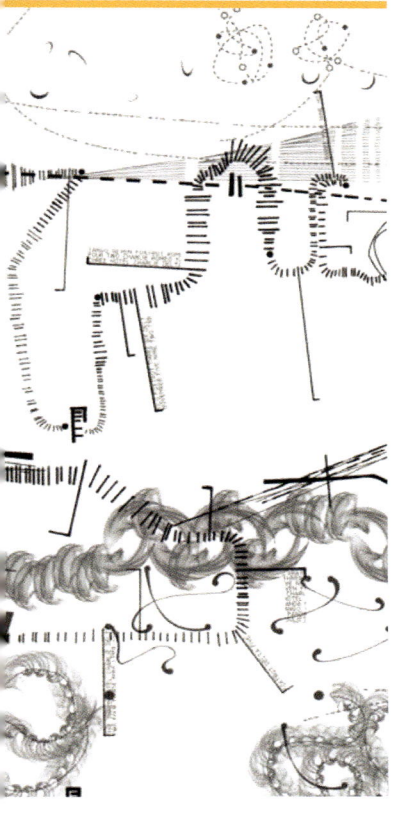

Organização dos jogos de desenhos

A organização de desenhos com medidas exige uma edição cuidadosa, a fim de garantir a clareza da apresentação. É possível montar um jogo de desenhos que reúna várias escalas, mas, a menos que todas elas sejam absolutamente necessárias, geralmente é melhor limitar seu número. Por exemplo, uma planta de situação pode ser feita na escala de 1:1.250, para implantar o projeto dentro de seu contexto imediato. Esta planta introduz um nível de escala, assim, talvez seja mais simples garantir que os demais desenhos sejam elaborados na escala das edificações (1:200 ou 1:100, por exemplo), de modo que o leitor apenas precise ler dois ou três níveis de escala ao longo de toda a apresentação.

Quando organizamos um conjunto de desenhos, é útil representar cada um deles por meio de um croqui minúsculo e sem escala, para ressaltar as relações entre cada um dos desenhos e as informações que eles contêm. Isso ajuda a planejar a disposição dos desenhos, a garantir que a proposta de projeto seja comunicada de maneira correta e a fazer com que os desenhos se complementem.

Em conjunto, os desenhos devem relatar o desenvolvimento do projeto. Assim, as imagens do conceito de arquitetura vêm em primeiro lugar, para explicar as origens das ideias do arquiteto. A planta de situação também aparece logo no início, pois ela descreve a inserção do prédio no seu contexto. A planta de localização e as plantas baixas vêm depois e são seguidas das demais plantas. Todas as plantas devem estar adjacentes entre si, para que sejam lidas juntas, explicando as relações entre os elementos verticais da edificação e todas as plantas baixas do projeto. Todas as plantas devem ser apresentadas com a mesma orientação.

A arquitetura é o jogo sábio, correto e magnífico dos volumes reunidos sob a luz.
Le Corbusier

Leiaute de apresentações

KIELDER OBSERVATORY COMPETITION
AUGUST 16th 2005

Projeto: Observatório de Kielder
Localização: Kielder, Escócia
Arquiteto: Block architecture
Data: 2005

Esta é a apresentação de um partido de arquitetura para um observatório proposto em Kielder, na Escócia. O leiaute da prancha foi minuciosamente trabalhado e incluiu-se uma sinopse escrita do projeto, plantas, um corte, elevações e fotografias do terreno e da maquete.

O conjunto oferece diferentes maneiras de entender o projeto. O fundo negro da prancha é o céu noturno, que reforça a ideia de um observatório, e as imagens são de boa leitura, por serem desenhos em branco sobre um fundo negro.

As elevações devem estar relacionadas com as plantas. Posicionar as elevações diretamente sob suas plantas respectivas é interessante, pois permite que o observador leia, por exemplo, as relações entre as aberturas de portas e janelas em ambos os tipos de desenho. Os nomes das elevações devem indicar suas orientações ("Elevação Sul" ou "Elevação Norte", por exemplo), para que uma pessoa consiga identificar imediatamente qual parte da edificação recebe mais luz natural.

Todos os cortes devem corresponder perfeitamente à posição da planta baixa da qual foram feitos. Isto deve ser indicado na planta baixa, onde os cortes são marcados com suas denominações (como "Corte AA" ou "Corte BB").

Uma boa apresentação visual não deve ser sobrecarregada, ou seja, ela precisa ter espaços vazios suficientes para que as informações sejam lidas e absorvidas com facilidade. As informações sejam apresentadas em tamanhos variáveis ou por meio de diferentes estilos ou técnicas de graficação. Os desenhos devem estar criteriosamente alinhados, para que o observador leia os desenhos como um jogo ou conjunto de plantas.

Leiaute de apresentações

Projeto: Queen Mary University
(acima e página ao lado)
Localização: Londres, Inglaterra
Arquiteto: Alsop Architects
Data: 2005

Este é o desenho de uma edificação para a universidade feito à mão livre e com muitas anotações. O desenho explora as relações entre as formas esculturais de um sistema estrutural, e os croquis complementares descrevem ideias e possíveis direções para o desenvolvimento do projeto. O uso da cor no desenho destaca elementos importantes dentro do prédio.

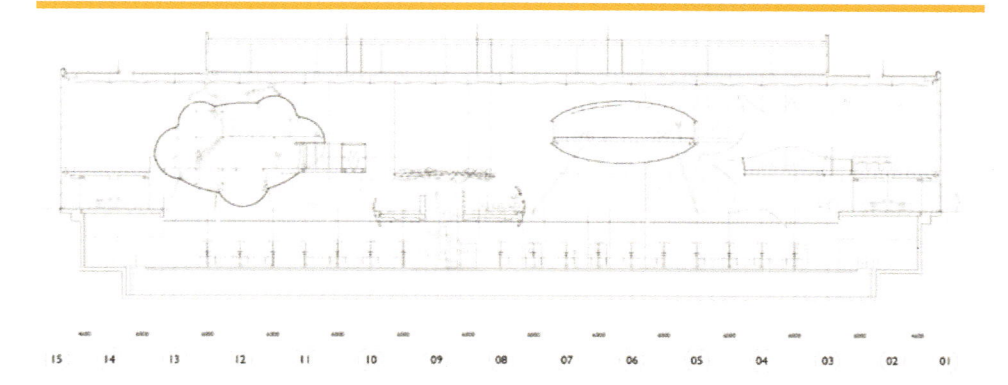

Projeto: Queen Mary University
Localização: Londres, Inglaterra
Arquiteto: Alsop Architects
Data: 2005

Este corte dá a impressão de que há uma paisagem dentro do edifício, com uma série de cápsulas que parecem flutuar dentro do grande átrio. O contraste entre a estrutura formal do prédio e as formas escultóricas das cápsulas cria uma experiência singular dentro do espaço interno.

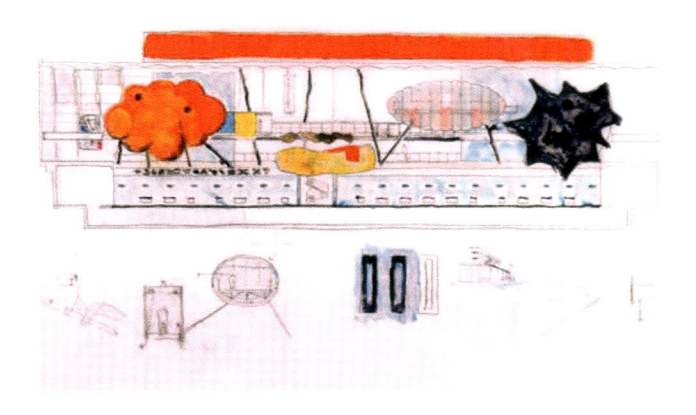

Apresentações gráficas

Projeto: Ponte Blackfriars
Localização: Londres, Inglaterra
Arquiteto: C. J. Lim / Studio 8
Data: 2007

Esta colagem mescla imagens reais da ponte Blackfriars com imagens de uma praia, como os furgões de venda de sorvete, as cabinas e as bolas, combinando a realidade conhecida com a fantasia.

A imagem resultante, um híbrido entre realidade e fantasia, é poderosa e instigante, sugerindo uma reinvenção da ponte.

A apresentação gráfica dos desenhos de arquitetura deve complementar a ideia de um projeto. Há muitas situações nas quais a apresentação de uma proposta se baseia unicamente na apresentação gráfica (como é o caso de projetos feitos por estudantes universitários ou para concursos de arquitetura). Assim, a apresentação deve comunicar de maneira clara a ideia, o conceito e a intenção do arquiteto. Para isso, é necessário um equilíbrio entre as informações apresentadas pelos desenhos e qualquer texto complementar ou outras imagens de apoio. Este equilíbrio garantirá que o projeto da edificação e suas características de arquitetura sejam lidos com facilidade e precisão.

O estilo de uma apresentação gráfica pode variar, graças ao uso de diferentes cores, técnicas de desenho, tamanhos ou tipos de imagens e tamanhos e estilos de fontes tipográficas. Algumas destas escolhas podem ser muito bem analisadas, para que o estilo da apresentação gráfica reflita o estilo da arquitetura proposta.

Os desenhos com medidas são associados às suas escalas, portanto, devem ser feitos com precisão. Na organização de uma apresentação de projeto de arquitetura, precisamos lembrar que, além de serem atraentes, os desenhos devem mostrar que a proposta é prática e funcional.

Visualizações da "realidade imaginada"

A finalidade das visualizações da realidade imaginada é impressionar e estimular o observador. Elas são impressões de um lugar ou espaço concebido pelo arquiteto, assim, o uso da cor e a criação de certo dramatismo são aspectos importantes. A organização de um elemento visual deve estar fortemente relacionada com o conteúdo da imagem. Por exemplo, é possível que fotografias de atividades associadas à proposta de arquitetura sejam incluídas, para unir a apresentação e o conceito que embasa a proposta. Estes recursos visuais podem formar a peça central de uma série de desenhos com medidas ou criar o tema de uma apresentação que inclui várias páginas ordenadas.

Apresentações gráficas

Projeto: Saint George's Square
Localização: Glasgow, Escócia
Arquiteto: Bloch architecture
Data: 2006

Esta apresentação exaustiva explica a ideia de uma proposta para uma praça de Glasgow. A metade inferior da prancha é uma representação da fachada da rua, explicando o contexto e servindo como base para os demais elementos da prancha.

O conceito é esmiuçado por meio de textos e diagramas explicativos, os quais são apresentados como uma narrativa na base da prancha.

As perspectivas incluídas dão uma ideia tridimensional do projeto, e as imagens do terreno, geradas por computador, são muito realistas.

Leiaute e apresentação

FOUNTAIN WATERFALL

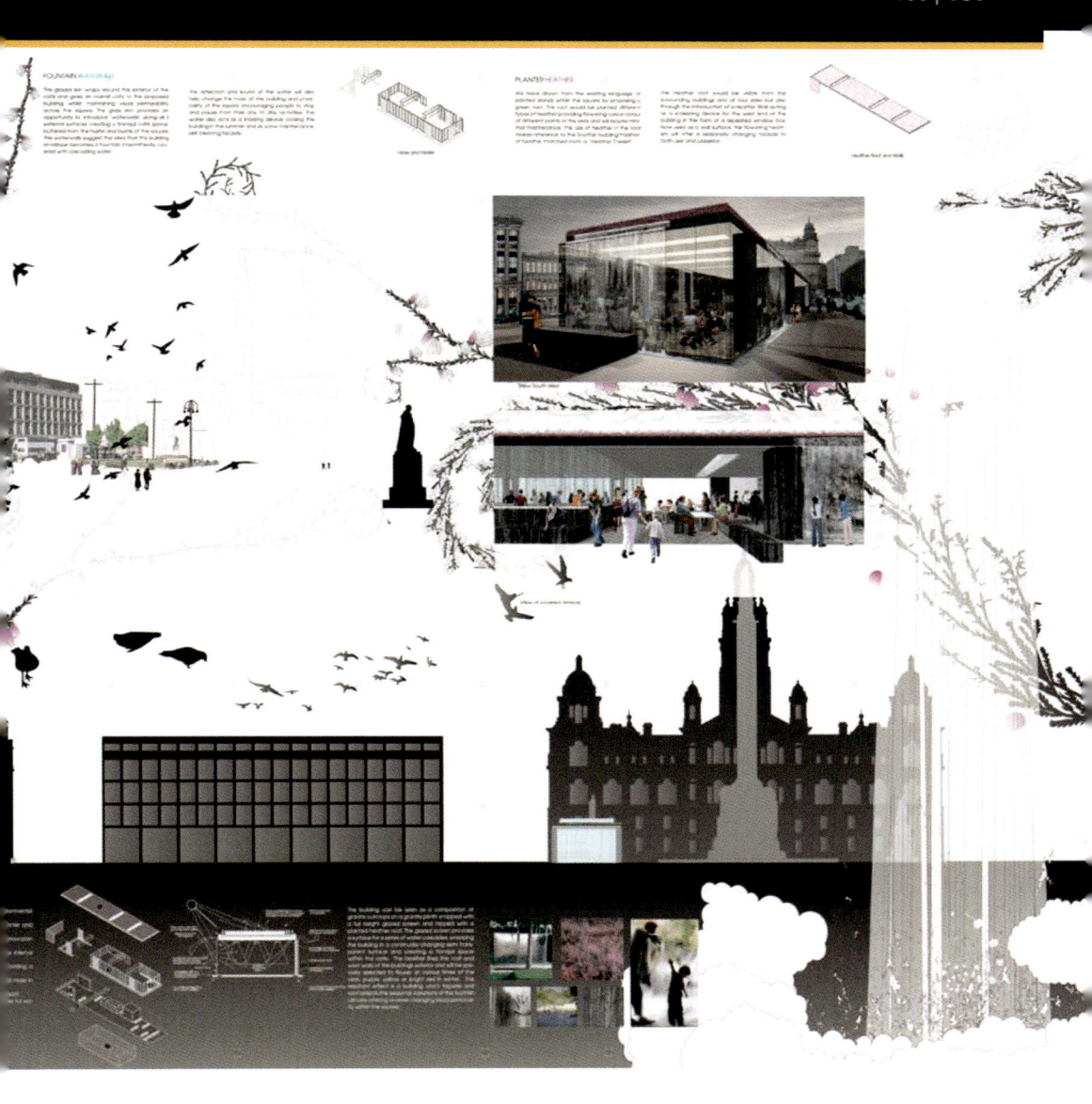

The glazed skin wraps around the exterior of the café and gives an essential unity to the proposed building, whilst maintaining visual permeability across the square. The glass skin provides an opportunity to introduce wastewater along all 3 external surfaces creating a thermal cloth space buffered from the hustle and bustle of the square. The watermarks suggest the idea that the building envelope becomes a fountain intermittently constant with cascading water.

The reflection and sound of the water will also help change the mood of the building and gives unity of the square encouraging people to stop and pause from their day to day activities. The water also acts as a shading device cooling the buildings the summer and acts on low-maintenance self cleaning façade.

PLANTER HEATHER

We have drawn from the existing language of planted islands whilst the square so providing a green roof. The roof would be planted different types of heather providing flowering colour contrast of different points of the year and will equate into the masterplan. The use of heather in the roof makes reference to the Scottish building tradition of heather thatched roofs to "Heather Trees!"

The heather roof would be visible from the surrounding buildings and at bus sides but also through the introduction of a skylight that acting as a shielding device for the west end of the building in the form of a repeated window that form well as a wall surface. The flowering heath air will offer a seasonally changing façade to both user and observer.

Apresentações gráficas

Textos complementares

As informações incluídas nos desenhos de apresentação podem ser complementadas por um texto explicativo. Este texto é outro elemento importante no projeto de uma apresentação gráfica, e seu posicionamento dentro das pranchas deve ser estudado com cuidado. O texto pode, por exemplo, estar em quadros à parte ou inserido nos próprios desenhos. Lembre-se, contudo, que este texto é complementar, ou seja, os desenhos devem continuar sendo o principal meio de comunicação.

Assim como na escolha dos pesos de linha dos desenhos, o estilo e o tamanho das fontes tipográficas afetarão a impressão que o leitor terá do texto complementar. A hierarquia do texto e como ele se relaciona com os desenhos também são aspectos que devem ser analisados com cuidado.

Regras básicas

Uma apresentação gráfica geralmente é composta por uma combinação complexa de diferentes níveis de informação, em vários desenhos apresentados em cada prancha. Consequentemente, é vital que certas diretrizes sejam respeitadas a fim de que todos os níveis de informação e os diferentes elementos incluídos sejam lidos da maneira correta.

Todas as apresentações gráficas exigem um título, que pode ser o nome do prédio ou do projeto, mas que sempre estará em uma fonte maior, para que seja lido à distância. Cada um dos desenhos individuais deve ter um nome bem visível, de modo que o observador identifique imediatamente as plantas, os cortes e as elevações.

A escala de cada desenho também deve estar clara. Se várias escalas forem utilizadas em uma prancha, devemos nos certificar de que o observador consiga diferenciar com facilidade a escala correspondente a cada imagem.

Quanto mais detalhado for o desenho, menor deverá ser a fonte dos textos que o acompanham. Para garantir que as informações sejam vistas corretamente mesmo com fontes tipográficas pequenas, os desenhos muito detalhados devem usar uma chave ou legenda com números ou mesmo incluir símbolos que permitam ao observador identificar os diferentes espaços ou usos dentro do projeto.

Projeto: Metazoo
Localização: Projeto conceitual
Arquiteto: C. J. Lim / Studio 8
Data: 2000

Este projeto conceitual explora uma ideia por meio da fotomontagem: o conceito de arquitetura foi sobreposto a uma fotografia aérea do terreno. A ideia depois é detalhada em três dimensões, com uma série de componentes sendo desconstruídos para descrevê-la com mais detalhes. Uma legenda associa cada elemento ao desenho composto.

158 | 159

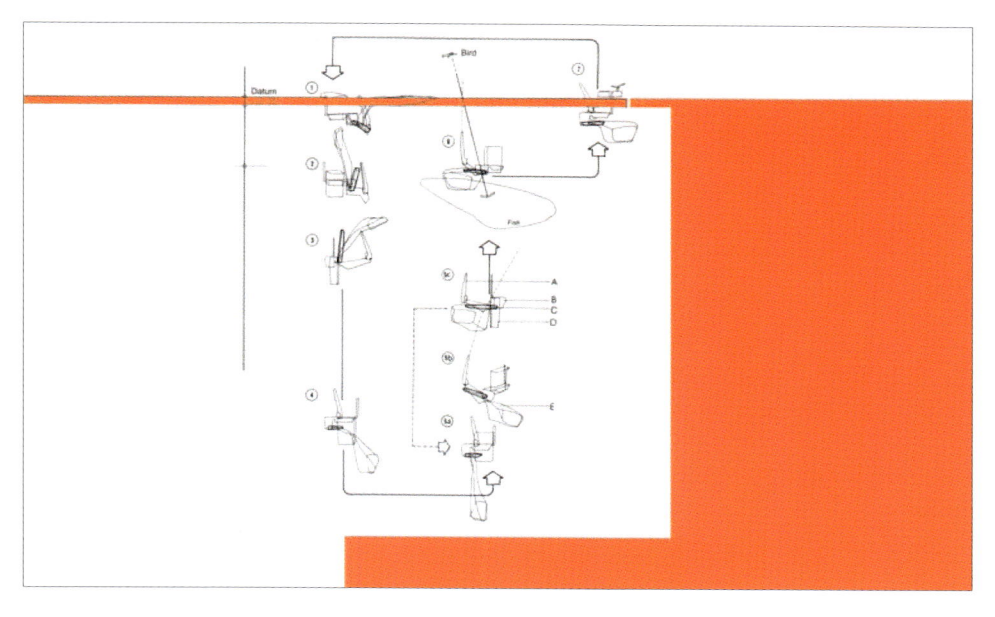

Leiaute de apresentações › **Apresentações gráficas** › Apresentações orais

Apresentações orais

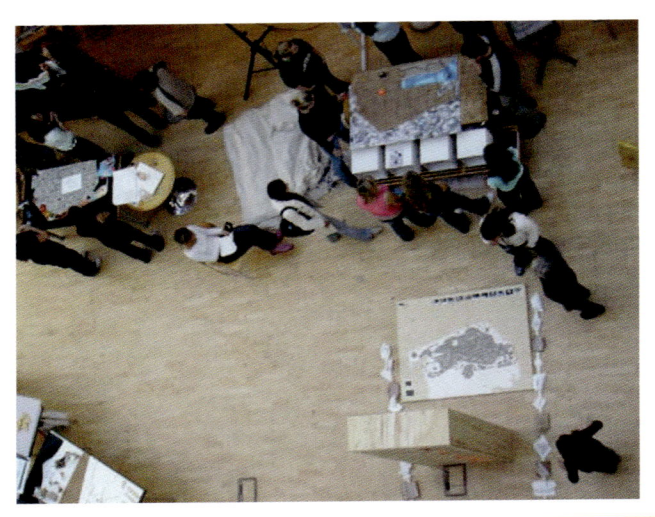

As apresentações gráficas são frequentemente acompanhadas de apresentações orais, as quais em geral ficam a cargo do arquiteto ou criador do trabalho. As apresentações orais oferecem mais uma oportunidade de explicar melhor o conceito que embasa a proposta, esclarecer as relações entre as imagens gráficas e descrever as ideias com mais detalhes.

Ao apresentar um projeto oralmente, é fundamental que se relacione os comentários feitos com cada um dos desenhos. Uma boa apresentação oral (assim como uma boa apresentação gráfica) narra como se deu o desenvolvimento do projeto, do conceito inicial à elaboração dos detalhes da proposta final. No início da apresentação, deve ser feito um resumo dos aspectos mais importantes do conceito de arquitetura, identificando os principais condutores do desenvolvimento do projeto.

Apresentação e exibição

Ao apresentar ou exibir uma proposta de arquitetura, as imagens farão parte da narrativa. Muitas vezes o arquiteto ou projetista descreverá oralmente as imagens e relacionará as diferentes ideias por trás do conceito. Desta maneira, o projetista poderá revelar aspectos da ideia de arquitetura que talvez não estejam evidentes nos desenhos e enfatizar os condutores conceituais mais importantes do projeto. Além disso, é importante que as questões feitas sobre o projeto sejam respondidas diretamente.

Regras básicas

Nas escolas de arquitetura, a apresentação oral às vezes é chamada de "painel" ou "avaliação do projeto". As apresentações orais feitas na prática profissional são chamadas simplesmente de "apresentação do projeto". Seja na apresentação para um cliente, os colegas ou os examinadores, é fundamental que você tenha certeza de qual será seu público e que sejam abordados os parâmetros definidos pelo programa de necessidades do projeto.

A apresentação oral é um exercício de promoção de seu projeto e é sua oportunidade para convencer a audiência de que a proposta é tanto atraente como viável. Durante a explicação de um projeto, é melhor que você se refira a todos os desenhos, croquis e maquetes, para que os ouvintes entendam perfeitamente como a edificação será executada e como ela funcionará. Isso convencerá sua audiência de que você explorou todas as possibilidades de projeto de maneira criteriosa.

De certa maneira, a apresentação oral deve ser feita como se fosse uma peça de teatro: ela deve ser ensaiada, todos os elementos do projeto (seus desenhos e maquetes) devem ser apresentados e você deve manter o interesse de sua audiência o tempo todo.

Para mim, a linguagem do desenho é muito reveladora; com ela podemos ver em poucas linhas se um homem realmente é um arquiteto.
Eero Saarinen

Storyboards

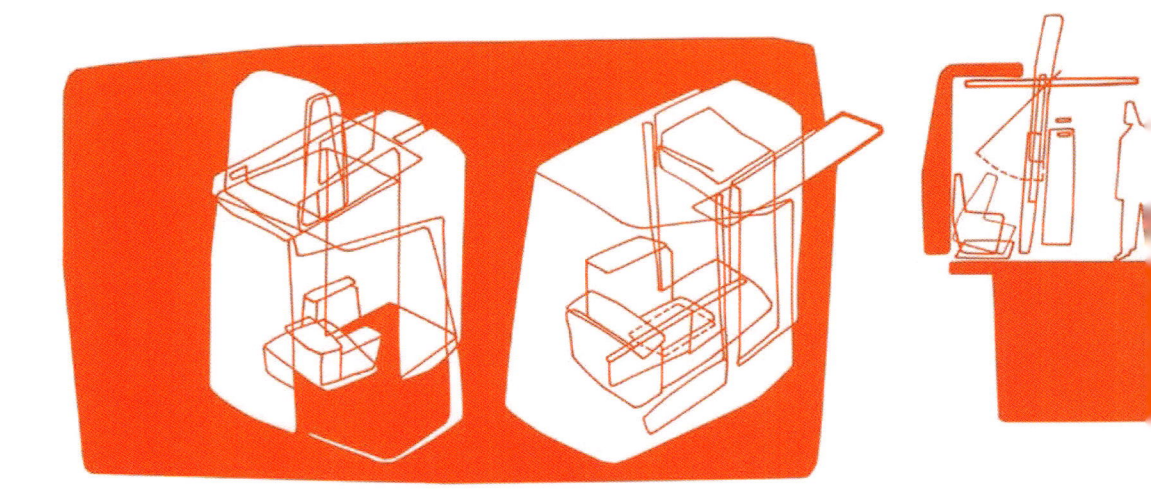

Projeto: Cabina Glass Stop
Localização: Projeto conceitual
Arquiteto: C. J. Lim / Studio 8
Data: 2002

Esta sequência de imagens foi criada na forma de um *storyboard*. As imagens foram geradas a partir de uma maquete eletrônica e cada uma delas mostra uma vista diferente do projeto e a cabina aberta ou fechada. Ainda que sejam estáticas e bidimensionais, estas imagens mostram o movimento dos painéis da cabina para sugerir como o usuário pode interagir com eles ao longo do tempo.

O *storyboard* é uma técnica frequentemente empregada por arquitetos para o planejamento de seus conceitos ou suas propostas. Bastante parecidos com as histórias em quadrinhos, os *storyboards* são compostos de quadros que, em conjunto, explicam como a arquitetura pode ser utilizada ou funcionar ao longo do tempo. O *storyboard* relata um conceito de projeto por meio de uma narrativa.

Os *storyboards* são utilizados de muitas maneiras como uma estratégia eficaz de apresentação. Eles oferecem um meio de descrição e análise dos usos e das funções das edificações ao longo do tempo, permitindo que o arquiteto (ou observador) avalie de maneira crítica um projeto. Os *storyboards* também podem descrever uma série de vistas possíveis de um passeio visual dentro do projeto, mostrando como um prédio seria vivenciado ao longo do tempo.

Os *storyboards* em geral são compostos de croquis feitos à mão livre, desenhos em escala ou uma série de imagens aéreas sequenciais. As maquetes tradicionais também podem ser fotografadas e apresentadas como uma série de quadros de um *storyboard*.

O *storyboard* também é uma ferramenta muito útil para o desenvolvimento de um projeto: ele representa uma sequência visual, permitindo que o arquiteto visualize e estude espaços conectados ou associados. Além disso, é uma boa estratégia para planejar apresentações gráficas ou dar uma visão geral das conexões e relações entre os diferentes elementos visuais de uma apresentação.

A moldura (ou quadro) é outro elemento útil do *storyboard*, pois ela separa os desenhos e permite que diferentes pontos de vista da mesma forma sejam apresentados.

Mostrar em três dimensões uma estrutura permite que o observador veja "ao redor" da forma da edificação, algo especialmente útil se esta forma for complexa ou multifacetada. Diferentes vistas ou aspectos de uma edificação podem ser reunidos em uma única apresentação por meio dos quadros, destacando diferentes elementos da proposta.

Portfólios

Um portfólio contém amostras representativas de projetos e pode ser feito no formato impresso ou digital (ou mesmo em uma mistura de ambos os meios). A própria criação de um portfólio é um exercício de projeto, pois ele deve transmitir ideias e informações de maneira clara e por meio de uma narrativa estudada, uma organização cuidadosa e um bom leiaute de informações (sejam elas em desenhos ou textos).

Os objetivos do portfólio

Assim como nas apresentações gráficas ou orais, o primeiro passo é compreender as necessidades do público-alvo de seu portfólio. Ele será utilizado para conseguir uma entrevista para um emprego, obter uma vaga em um curso ou fazer parte de uma apresentação para um cliente? O público de seu portfólio afetará tanto o conteúdo quanto a organização dos trabalhos incluídos. Por exemplo, um portfólio elaborado para garantir um lugar em um curso universitário deverá cumprir critérios predeterminados e demonstrar sua competência e aptidão como possível aluno. De maneira similar, um portfólio elaborado para uma entrevista de emprego talvez mostre uma variedade de trabalhos que reflitam o estilo do seu possível empregador.

Definição do conceito, formato e encadernamento

Uma vez estabelecidas as necessidades do público-alvo, o próximo passo será listar os desenhos e as imagens que farão parte do portfólio. Um bom portfólio deve mostrar imagens variadas, tanto feitas à mão como geradas por computador, e incluir desde definições de conceito até detalhes de projeto, ou seja, apresentar diferentes ideias utilizando meios e técnicas de representação variados.

Como em toda apresentação de projeto, a qualidade dos desenhos e sua relação com o formato são fundamentais. É interessante que o formato de todas as páginas do portfólio seja o mesmo. Se isto não for possível, tente agrupar as páginas de modo que o observador não precise ficar se virando para folhear o portfólio e entender os trabalhos.

Projeto: Portfólio "Living Bridge"
Localização: Veneza, Itália
Projetista: Rob Moore
Data: 2006

Um portfólio é uma coletânea de trabalhos. Esta imagem, assim como os desenhos nas páginas a seguir, apresenta uma variedade – ou um portfólio – de imagens criadas para um único projeto de arquitetura para Veneza, chamado "Living Bridge" ("Ponte Habitada").

Além de desenhos e croquis tradicionais, foram incluídas imagens de uma variedade de maquetes, para mostrar o nível de desenvolvimento e o processo do projeto.

Os portfólios impressos podem ser encadernados ou organizados em um arquivo (criando páginas numeradas, como se fosse um livro) ou colocados em uma pasta de plástico (embora às vezes esta crie uma barreira entre o desenho e o observador e, portanto, deva ser utilizada com cuidado). Se o portfólio for criado em CD, a etiqueta ou a caixa também pode ser desenhada.

Os portfólios interativos hospedados na Internet (portfólios *online*) estão se tornando cada vez mais comuns. O conteúdo, o formato e o leiaute são considerações tão importantes nos portfólios da Internet quanto nos portfólios impressos. Os portfólios da Internet permitem a inclusão de muitos trabalhos. A *homepage* do site pode apresentar imagens reduzidas dos trabalhos incluídos, com *links* para outras imagens ou informações dos mesmos projetos, permitindo que o leitor selecione com facilidade e tenha uma visão completa das obras que mais lhe interessem.

Portfólios

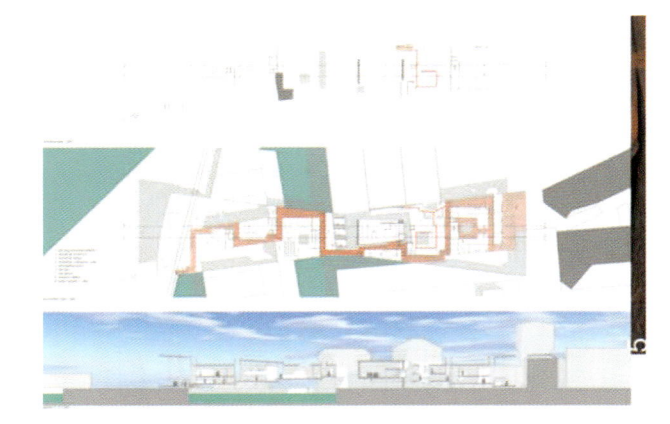

Projeto: Portfólio "Living Bridge" (continuação)
Localização: Veneza, Itália
Projetista: Rob Moore
Data: 2006

Os desenhos incluídos em um portfólio de projetos, seja ele em papel ou em formato eletrônico, devem ser compilados e editados com cuidado. De forma muito parecida com a redação de uma história, os projetos de edificações devem ser cuidadosamente descritos com início, meio e fim bem-definidos.

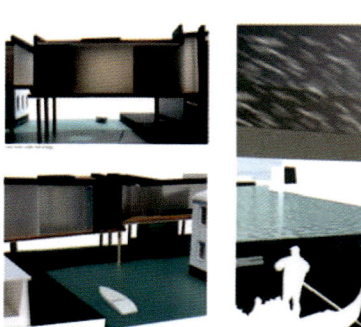

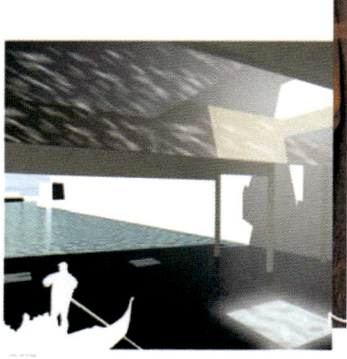

Leiaute e apresentação

166 | 167

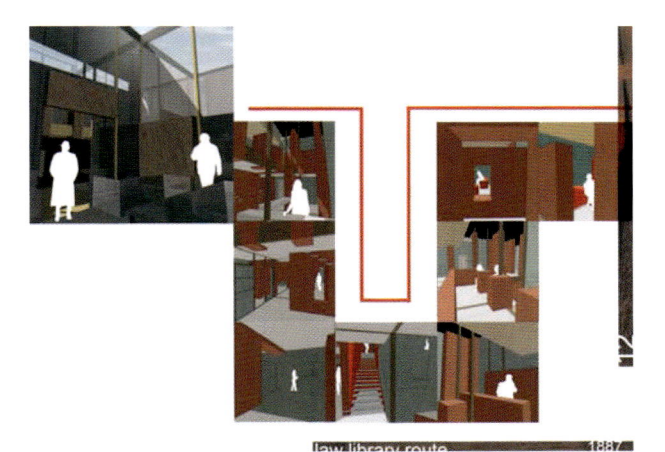

Storyboards › **Portfólios** › Exercício 6: leiaute e apresentação de um portfólio

Exercício 6: leiaute e apresentação de um portfólio

Todo portfólio, seja para ser lido online ou como um jogo de desenhos impressos, deve ser cuidadosamente planejado e editado, o que por si só já é um exercício de projeto. Enfim, o portfólio deve se dirigir ao seu público-alvo e ter êxito. Para tal, é necessário elaborar um programa de necessidades para o portfólio e então decidir quais projetos serão incluídos. Um portfólio interessante e envolvente também ajudará a cativar sua audiência. Outras considerações muito importantes são a definição do tamanho e leiaute das páginas, além da seleção do estilo e tamanho das fontes tipográficas adequadas aos seus trabalhos.

Title:

Sheet No:

Pages:

Elaboração de um portfólio

O planejamento de um portfólio requer ponderação e organização, mas o uso de um *storyboard* ajuda a organizar os conteúdos.

Antes de iniciar:

1 Determine o público-alvo de seu portfólio. O que eles querem ver?

2 Elabore um resumo ou um programa de necessidades para seu portfólio.

3 Faça uma lista ordenada dos conteúdos (mas limite o número de páginas ou projetos que serão incluídos).

4 Estude o melhor formato e leiaute para as páginas.

5 Selecione o tamanho e estilo da fonte que complementará suas imagens. Lembre-se de que a fonte deverá ser utilizada de maneira consistente em todos os textos.

6 Pense nas seções distintas do portfólio (considere-o como um livro, ou seja, talvez haja temas ou projetos que ajudem a subdividir o conteúdo do portfólio).

Assim que estes passos estiverem completos, você estará pronto para fazer uma planilha das páginas de seu portfólio:

7 Use quadros (como apresentados na página anterior) para representar as páginas previstas para seu portfólio. Indique por meio de palavras e croquis a sequência de projetos e as imagens específicas de cada um que serão aproveitadas.

8 Dê um título para cada página de acordo com a lista sequencial de conteúdo que você elaborou anteriormente (no 3º passo).

9 Pense em como as páginas se relacionam entre si. Edite e revise da maneira necessária, até que você esteja satisfeito com a narrativa.

10 Uma vez satisfeito com a narrativa, monte seu portfólio de acordo com o planejamento elaborado.

Planilha

O uso de uma planilha para planejar o conteúdo de seu portfólio ajudará a garantir que os projetos apresentados estejam bem organizados e as páginas sejam lidas pelo público-alvo da maneira que você deseja.

Conclusão

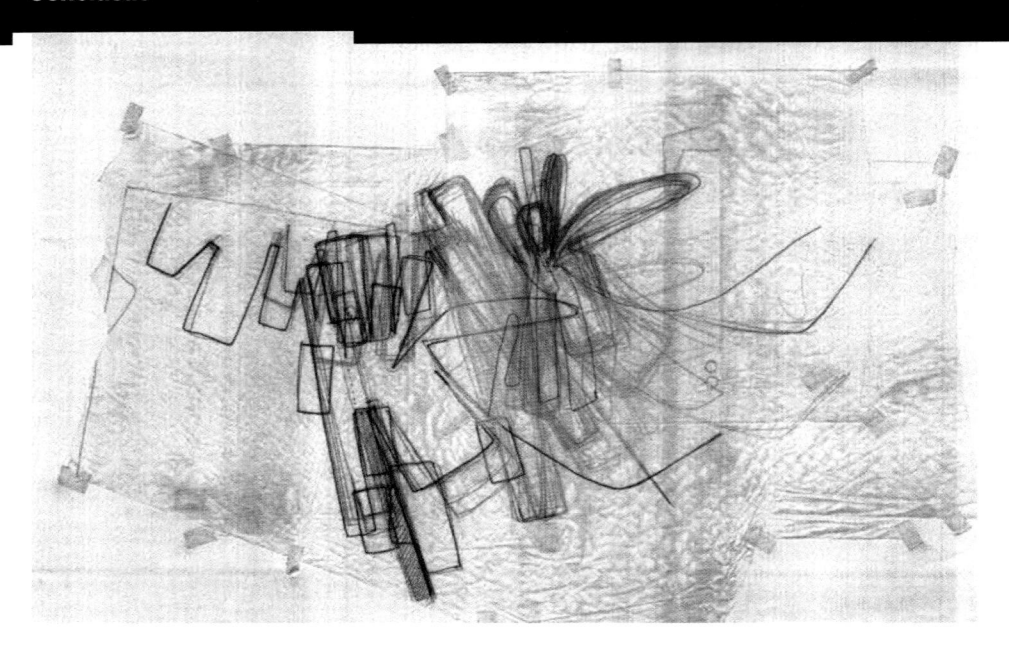

A boa representação de um projeto ou conceito de arquitetura é um desafio. Para ser bem-sucedida, a forma de representação deve comunicar o conceito de criação do projeto e suas especificações técnicas.

Bons desenhos e boas maquetes de arquitetura exigem a compreensão do projeto da edificação. Como um projeto é transmitido ao seu público-alvo pelo meio escolhido pelo arquiteto, a forma de representação e a seleção do leiaute de apresentação e do tipo de desenho fazem com que os meios de representação em arquitetura sejam extremamente variáveis.

Os desenhos e as maquetes de arquitetura representam uma visão futura de uma edificação proposta. Muitas destas propostas nunca se concretizarão; ainda assim, os desenhos de arquitetura possuem legitimidade, pois os prédios que eles representam poderiam existir. Desta maneira, eles não são imagens de algo que é, mas sim, de algo que poderia ser, e assim devem ser convincentes e transmitir ao público-alvo a certeza de que aquela arquitetura poderia ser real.

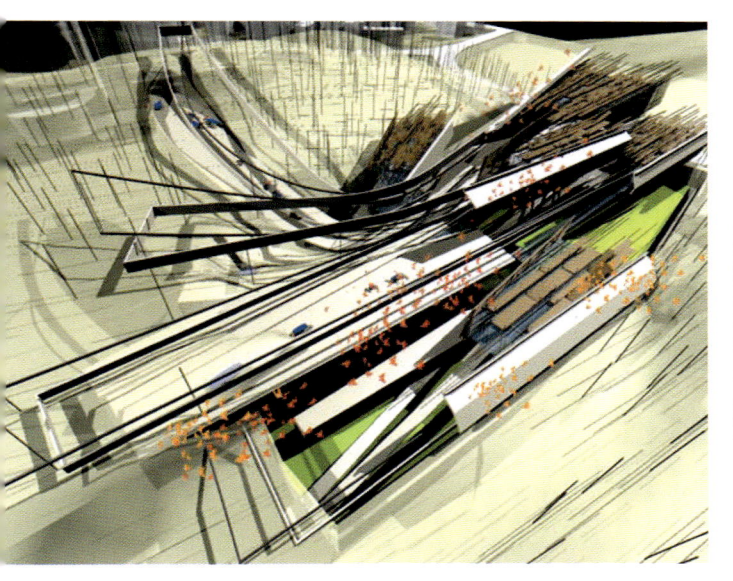

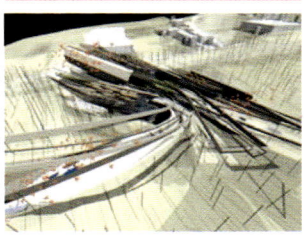

Projeto: Museu Nam June Paik
Localização: Kyonggi, Coreia do Sul
Arquiteto: C. J. Lim / Studio 8
Data: 2004

A representação em arquitetura é muito influenciada pelas tendências culturais de outras áreas, como a publicidade, a moda e o desenho gráfico. O estilo de desenho do arquiteto deve responder a estas tendências, bem como ser culturalmente relevante e se relacionar com o espírito de seu tempo.

Plantas e cortes são recursos específicos que comunicam espaços e formas de arquitetura; no clima atual de aprendizado e ensino multidisciplinar, o desenho de arquitetura tem muito a ganhar com suas contrapartes artísticas em termos de técnicas de representação e comunicação.

A representação em arquitetura pode ser uma interpretação prática e direta de uma proposta, mas, principalmente, ela deve inspirar, criar expectativas e transportar o observador para um mundo de imaginação e possibilidades. Um arquiteto precisa da visão do engenheiro e do artista, a fim de convencer seu público de um novo mundo de possibilidades.

Estas imagens geradas em CAD são desenhos de conceito que descrevem a ideia do arquiteto por meio de croquis em planta e perspectiva. C. J. Lim comenta sobre o conceito:

"O Nam June Paik Museum se aninhou dentro da floresta de coníferas... [o conceito] evoluiu por meio da proliferação simultânea de linhas a grafite, planos e volumes com linhas retas múltiplas. A 'parede-borboleta' é uma metáfora visual para o ruído branco produzido por uma televisão fora de sintonia, um acontecimento incomum da natureza projetado e construído para refletir a eletrônica, e não o contrário."

As imagens se relacionam tridimensionalmente com as formas e exploram as linhas e os planos do prédio, bem como as relações deste com a paisagem do entorno. Estas imagens envolventes e provocadoras são obras de arte por si só, e descrevem uma forma dinâmica possível que se relaciona com uma paisagem exuberante.

Glossário

Axonométrica
Também conhecida como planimétrica, este tipo de perspectiva é uma projeção tridimensional que utiliza uma planta de edificação ou objeto, girando-a em 45 graus. A planta é então projetada verticalmente, para criar uma imagem tridimensional. Esta é uma maneira rápida e eficaz de criar uma impressão tridimensional de uma edificação.

Biblioteca de objetos
Refere-se a uma biblioteca dos elementos disponíveis em programas de CAD utilizados na geração dos desenhos de arquitetura. Há muitos símbolos para uma variedade de objetos, desde móveis a equipamentos de cozinha, e estes elementos genéricos podem ser inseridos em um desenho para conferir uma ideia de escala e um melhor entendimento da função de uma edificação ou de um espaço.

CAD (Computer Aided Design)
Os sistemas de CAD ou projeto assistido por computador são empregados por arquitetos e estudantes para o desenvolvimento e a apresentação de suas ideias de arquitetura. Os programas podem ser aplicados a vários contextos. As plantas bidimensionais são produzidas com facilidade por determinados pacotes, enquanto outros podem gerar séries de vistas aéreas muito impressionantes. Outros programas especiais podem texturizar ou colorir imagens de materiais, acabamentos e sombras de maneira muito realista.

Camada
Os programas de CAD usam o conceito de camadas ou *layers* para separar diferentes tipos de informações. Estas camadas permitem que possam ser feitas modificações em diferentes aspectos do projeto, à medida que ele evolui. Cada camada é um desenho diferente.

Colagem
Esta técnica geralmente é associada à obra de alguns pintores, como Georges Braque e Pablo Picasso. Ela envolve a reunião de fragmentos de imagens, para a criação de uma nova imagem composta.

Composição
Quando uma apresentação de desenhos de arquitetura é criada, a composição das imagens é importante. Uma imagem bem composta significa que ela foi bem organizada e, portanto, é fácil de entender.

Corte
Corte é uma seção vertical feita em uma edificação ou um espaço. Esta seção revela as relações internas dos diferentes pavimentos, mostrando, por exemplo, pés-direitos duplos ou mudanças de nível. Os cortes também podem incluir as áreas externas.

Corte perspectivado
Desenho híbrido que combina uma perspectiva com um corte. Ele pode evidenciar uma relação que exista entre o interior e o exterior de um prédio. O corte perspectivado transforma um desenho bidimensional (um corte) em um desenho tridimensional (uma perspectiva).

Corte perspectivado
Técnica de desenho que mostra a aparência de uma edificação ou espaço interno. Parte da imagem é removida ou cortada, expondo o interior do ambiente. Ele também pode ser utilizado para explicar a construção ou montagem de uma edificação.

CPI (Coordinated Production Information)
CPI é um sistema de inter-relacionamento das escalas para conjuntos variáveis de informações dos desenhos de arquitetura de um projeto.

Croqui de conceito
Um conceito é a ideia propulsora por trás de qualquer proposta de arquitetura. O conceito surge na primeira etapa de um projeto e é mantido ao longo de seu desenvolvimento.

Croquis de observação
Croquis rápidos que descrevem o que se vê. Os croquis de observação são úteis para o registro das impressões iniciais de um terreno. Eles podem registrar um percurso, os detalhes ou os materiais do terreno. Este processo pode revelar questões importantes a serem avaliadas durante o projeto ou mesmo influir na ideia inicial da proposta.

Detalhe
O detalhe foca um aspecto específico de uma edificação. Ele deve ser desenhado em uma escala que permita a análise de determinados aspectos dos materiais ou das fixações. Os detalhes geralmente são feitos em escala real ou nas escalas de 1:2 (metade do tamanho real), 1:5 (um quinto do tamanho real) ou 1:10 (um décimo do tamanho real).

Dimensões
As edificações podem ser medidas, como uma maneira de descrever com precisão cômodos ou espaços. As dimensões são as medidas destes espaços. Um desenho com dimensões mostrará o tamanho de cômodos, paredes, janelas e portas.

Elevação
Apresentação frontal das paredes internas ou externas de uma edificação. A elevação é desenhada com base na interpretação do corte e da planta baixa.

Escala
Para que os espaços sejam descritos de maneira precisa, os desenhos devem estar em escala. A escala pode ser no Sistema Métrico Internacional (metros, centímetros, milímetros) ou no Sistema Imperial, também chamado de Sistema Norte-Americano ou Sistema Inglês (pés, polegadas), ou em outro sistema ou módulo de fácil compreensão. A escala é uma razão ou proporção. A escala real é de 1:1; a escala de 1:2 corresponde à metade do tamanho real; e assim por diante. A escala adequada deve corresponder ao nível apropriado de trabalho e estudo dedicado ao desenho, assim, a representação de uma rua geralmente será feita na escala de 1:500, enquanto o desenho de um móvel provavelmente estará na escala de 1:5.

Figura e fundo
No desenho de arquitetura, a referência para a técnica da figura e fundo vem de Giambattista Nolli. Durante o século XVII, ele criou um mapa de Roma que representava as edificações como sólidos e os espaços entre elas como áreas brancas ou vazias. Os mapas de figura e fundo oferecem uma maneira rápida de entender uma cidade e sua densidade. A técnica atualmente é aplicada em uma variedade de contextos, da análise urbana à interpretação de espaços.

Fotomontagem
Técnica que funde a imagem de uma edificação ou um objeto à outra. Os programas de CAD permitem que este tipo de imagem seja criado de modo rápido e eficiente, fundindo fotos ou imagens digitais.

Isométrica
Projeção tridimensional que usa uma planta de edificação ou objeto e distorce-a, inclinando-a em 30 graus. A planta é então projetada verticalmente, criando uma imagem tridimensional – uma perspectiva.

Justaposição
Quando os desenhos são dispostos adjacentes entre si, às vezes se busca um contraste intencional de uma ideia ou um conceito. Desenhos de diferentes escalas podem ser justapostos em uma apresentação.

Legenda
Os desenhos utilizam códigos e símbolos como forma de "resumo". Este resumo é a legenda, que além de mostrar todos os símbolos utilizados nos desenhos, explica os significados associados. Existem convenções e códigos padronizados para a descrição de materiais, móveis, instalações e acessórios.

Leiaute
Posicionamento de imagens, desenhos e textos em uma página. O leiaute é fundamental para a compreensão de uma proposta de arquitetura.

Levantamento de medidas
Registro ou desenho que mede um espaço ou uma edificação e quantifica algo existente.

Maquete de estudo
Maquete em escala pequena que representa e testa uma ideia de arquitetura. Uma maquete de estudo pode ser uma maquete de conceito ou uma maquete de desenvolvimento de projeto.

Orientação
Orientação é uma das maneiras pelas quais uma edificação se relaciona com seu terreno. A orientação é marcada por meio do uso de uma seta de norte nas plantas, para servir de referência. A orientação é determinada pelas condições climáticas dominantes no local, como a incidência do sol e dos ventos.

Partido
Tipo de desenho que reduz o conceito de uma edificação ou de uma proposta a sua forma mais simplificada possível, de modo a ser rapidamente entendida. Até mesmo os edifícios mais complexos podem ser representados por meio de um diagrama de partido. O termo também se refere à ideia inicial de um projeto. O partido normalmente é desenvolvido nas etapas preliminares de um projeto e serve de referência durante a evolução do projeto.

Perspectiva
Representação ou descrição bidimensional de uma forma ou de um espaço tridimensional.

Perspectiva aérea
Vista desenhada de uma edificação ou um terreno feita pelo alto. Este tipo de vista permite a compreensão do contexto do terreno.

Perspectiva de baixo para cima
Vista feita observando-se uma edificação ou um espaço por baixo, como se o observador estivesse debaixo da terra.

Planta de situação
Uma planta de situação é necessária para que se entenda desde o início uma proposta de arquitetura. Ela identificará o terreno do projeto em seu contexto imediato, posicionando o prédio e descrevendo sua orientação, os prédios do entorno e as características do terreno.

Portfólio
Coletânea de tipos de informação, que pode ser composta de desenhos, fotos, croquis ou animações feitas em computador. Os portfólios geralmente se destinam a um público-alvo específico ou apresentam um projeto em particular.

Projeção ortogonal
As projeções ortogonais ou ortográficas são uma maneira de representação de formas tridimensionais por meio de imagens bidimensionais. As projeções ortográficas geralmente são plantas, cortes ou elevações.

Proporção
Relação satisfatória das partes individuais com o todo. Em arquitetura, proporção pode se referir a um projeto de edificação ou apenas a um desenho de apresentação. A apresentação geral deve ser proporcionalmente correta em termos de organização e leiaute.

Renderização
Às vezes, um desenho precisa de um acabamento colorido ou texturizado para uma boa descrição dos materiais ou das cores. Renderização é o termo que os arquitetos empregam para aplicar cor ou textura a um desenho digital.

Sobreposição
As imagens podem ser utilizadas em conjunto para descrever uma ideia. As imagens sobrepostas, também chamadas de superpostas, são colocadas umas sobre as outras, criando um desenho composto. Por exemplo, um croqui pode ser sobreposto ou colocado sob o desenho da linha mais formal de uma planta ou de um corte.

Storyboard
Sistema de narrativa visual empregado em muitas áreas de desenho e representação gráfica, da publicidade ao cinema. É uma ferramenta útil para explicar um conceito por meio de uma série de imagens (como se fosse uma história em quadrinhos). Os *storyboards* conseguem sugerir conjuntamente a passagem do tempo e as descrições visuais.

Vista explodida
Uma vista explodida explica como uma edificação é construída ou montada. Ela desconstrói cada um dos elementos e componentes da arquitetura e explica como eles se conectam.

Vistas aéreas em série
Os programas de CAD de geração de maquetes eletrônicas têm recursos que permitem que uma ideia de arquitetura seja apresentada como uma série de imagens, sugerindo um percurso por uma edificação ou um espaço. Esta série de imagens ou vistas pode ser montada na forma de um filme, como se o observador estivesse "voando" por entre os espaços.

Visualizações tridimensionais
Imagens de edificações compostas para apresentação às vezes são chamadas de "visualizações tridimensionais", e podem incluir perspectivas, maquetes eletrônicas e fotografias.

Outros recursos

Os seguintes livros, sites da Internet, organizações e recursos ampliam os conhecimentos das técnicas de representação em arquitetura.

Bibliografia

Ambrose, G and **Harris, P**
Basics Design: Layout
AVA Publishing SA, 2006

Ambrose, G and **Harris, P**
The Visual Dictionary of Architecture
AVA Publishing SA, 2006

Ching, FDK
Architectural Graphics
John Wiley & Sons, 2003

Coop, D
Drawing and Perceiving: Real-world Drawing for Students of Architecture and Design
John Wiley & Sons, 2007

Dawson, S
Architects Working Details (Number 10)
Emap Construct, 2004

Doyle, ME
Color Drawing: Design Drawing Skills and Techniques for Architects, Landscape Architects and Interior Designers
John Wiley & Sons, 1999

Dubery, F and **Williats, J**
Perspective and Other Drawing Systems
Von Nostrand Reinhold, 1983

Gombrich, EH
Art and Illusion
Phaidon Press, 1987

Laseau, P
Freehand Sketching: An Introduction
W.W. Norton Ltd, 2004

Linton, H
Portfolio Design (Third Edition)
W.W. Norton Ltd, 2003

Lim, CJ and **Studio 8**
Sins and Other Spatial Narratives
Studio 8 Architects, 2000

Maranovic, I, Ruedi Ray, K and **Lokko, L**
The Portfolio: An Architecture Student's Handbook
Architectural Press, 2004

Mills, CB
Designing with models
John Wiley & Sons, 2005

Mitton, M
Interior Design Visual Presentation: A Guide to Graphics, Models, and Presentation Techniques
John Wiley & Sons, 2003

Porter, T and **Neale, J**
Architectural Supermodels: Physical Design and Simulation
Architectural Press, 2000

Reekie, RF
Reekie's Architectural Drawing
Architectural Press, 1995

Ruskin, J
The Elements of Drawing
The Herbert Press, 1987

Schank Smith, K
Architects' Drawings
Architectural Press, 2005

Styles, K
Working Drawings Handbook
Architectural Press, 2004

Materiais e instrumentos

4D Modelshop
The Arches
120 Leman Street
London
E1 8EU
Tel: +44 20 7264 1288
www.modelshop.co.uk

EMA Model Supplies Ltd
Unit 2
Shepperton Business Park
Govett Avenue
Shepperton
TW17 8BA
Tel: +44 1932 228228
www.ema-models.com

Squires Model and Craft Tools
100 London Road
Bognor Regis
West Sussex
PO21 1DD
Tel: +44 1243 842424
www.squirestools.com

Programas de computador

www.sketchup.com
Programa de modelagem tridimensional que pode ser utilizado para a geração rápida de maquetes eletrônicas básicas a partir de informações obtidas em desenhos ortogonais.

www.vectorworks.com
Programa relativamente fácil de usar que no passado fazia desenhos bidimensionais, mas que hoje também apresenta recursos tridimensionais.

www.archicad.com
Este programa possui ferramentas tridimensionais muito úteis e também possibilita criar vistas aéreas em série. Além disso, possui um pacote de renderização que permite gerar visualizações tridimensionais impressionantes.

www.googleearth.com
Programa que disponibiliza mapas com fotografias aéreas de todo o mundo, que podem ser ampliados ou reduzidos em diversas escalas.

www.photoshopsupport.com
Tutoriais que oferecem uma introdução ao uso do programa Photoshop.

Imagens

www.riba.pix.com
Este site, que pertence ao Royal Institute of British Architects, tem uma biblioteca de imagens com uma ferramenta de busca para uma grande variedade de imagens de arquitetura.

www.gettyimages.com
Você pode baixar imagens deste site para complementar seus desenhos de arquitetura.

www.archinet.co.uk
Site de recursos da Internet que oferece bons links para diversos sites de arquitetura.

Prática profissional

www.architecture.com
Site útil do Royal Institute of British Architects (RIBA) que oferece detalhes sobre onde estudar no Reino Unido e *links* a outros sites da prática profissional e de locais de estudo.

www.eaae.be
EAAE é a European Architectural Association of Europe. Seu site oferece informações sobre onde estudar na Europa, bem como detalhes sobre vários cursos e concursos para estudantes.

www.aia.org
O site do American Institute of Architects oferece conselhos e informações sobre todos os aspectos do ensino e da prática de arquitetura.

www.uia-architectes.org
O site da União Internacional de Arquitetos tem conexões com sites profissionais e educativos do mundo inteiro.

Colaboradores

6a architects
6a Orde Hall Street
London WC1N 3JW UK
Tel: +44 20 7242 5422
www.6a.co.uk

Alsop Architects
Parkgate Studio
41 Parkgate Road
London SW11 4NP UK
Tel: +4420 7978 78 78
www.alsoparchitects.com

Architecture Plb
St Thomas Street
Winchester SO23 9HD UK
Tel: +44 1962 842200
www.architectureplb.com

Block architecture
83a Geffrye Street
London E2 8HX UK
Tel: +44 40 7729 9194
www.blockarchitecture.com

CJ Lim / Studio 8
Studio 8
95 Greencroft Gardens
London NW6 3PG UK
Tel: +44 20 7679 48 42
www.cjlim-studio8.com

David Mathias
Tel: 07852 260670
www.david-mathias.com

Design Engine Architects
3–4 St Clements Yard
Winchester
Hampshire SO 23 9DR UK
Tel: +44 1962 890111
www.designengine.co.uk

dRMM Architects
No 1
Centaur Street
London SE1 7EG UK
Tel: +44 20 7803 0777
www.drmm.co.uk

Dixon Jones Limited
6c The Courtyard
44 Gloucester Avenue
London NW1 8JD UK
Tel: +44 20 7483 8888
www.dixonjones.co.uk

Format Milton Architects
Format House
17–19 High Street Alton
Hampshire GU34 1AWUK
Tel: +44 1420 82131
www.formatmilton.co.uk

Hyde + Hyde Architects
8 Mill Field Sketty
Swansea SA2 8BD UK
Tel: +44 1792 420 838
www.hydearchitects.com

Jakob + MacFarlane
13–15 Rue des Petites Ecuries
75010 Paris France
Tel: +33 1 44 79 05 72
www.jakobmacfarlane.com

John Pardey Architects
Beck Farm studio
St Leonards Road
Lymington
Hampshire SO41 5SR UK
Tel: +44 1590 626465
www.johnpardeyarcchitects.com

Morphosis Architects
2041 Colorado Avenue
Santa Monica
CA 90804 USA
Tel: +001 310 453 2247
www.morphosis.net

Piercy Conner Architects
Studio A
Ground Floor, Jack's Place
6 Corbet Place
London E1 6NH UK
Tel: +44 20 7426 1280
www.piercyconner.co.uk

Pierre d'Avoine Architects
54–58 Tanner Street
London SE1 3PH UK
Tel: +44 20 7403 7220
www.davoine.net

S333 Architecture + Urbanism BV Ltd
Overtoom
197 1054 HT
Amsterdam
Netherlands
Tel: +31 (0)20 412 4194
www.s333.org

Steven Holl Architects
450 West 31st Street 11th Floor
New York NY 10001 USA
Tel: +001 212 629 7262
www.stevenholl.com

Witherford Watson Mann Architects
1 Coate Street
London E2 9AG UK
Tel: +44 20 7613 3113
www.wwmarchitects.co.uk

Outros recursos

Agradecimentos

Este livro teria sido impossível sem o apoio pessoal e profissional, o estímulo, as contribuições e os esforços recebidos de inúmeros indivíduos.

Sou grata aos muitos escritórios de arquitetura que dedicaram seu tempo para colaborar com as imagens e os desenhos para este livro. Uma obra sobre a representação em arquitetura só é possível se os arquitetos estiverem dispostos a compartilhar suas ideias e abordagens sobre a representação em arquitetura. Os arquitetos tradicionalmente aprendem com esta postura altruísta de ensino e aprendizado, um espírito que ainda existe.

Tendo isto em mente, gostaria de agradecer especialmente a:
George Wade, da Alsop Architects
Graeme Williamson, da Block architecture
CJ Lim, da CJ Lim / Studio 8
Richard Jobson, da Design Engine Architects
Russ Edwards, da dRMM
Ed Jones, da Dixon Jones
Matt Swanton, da Format Milton
Kristian Hyde, da Hyde + Hyde Architects
Dominique Jakob e Brendan MacFarlane
John Pardey, da John Pardey Architects
Piercy Conner Architects
Dom Papa e Jo Woodruffe, do S333 Architecture
Stephen Holl Architects
Witherford Watson Mann

Também agradeço à The School of Architecture da University of Portsmouth 2007, em particular a:
Professor Sir Colin Stansfield Smith
Paul Craven Bartle
Sian Crookes
Nicki Crowson
Jeremy Davies
Adam Hieke
Magda Kumala
Matt Mardell
Rocky Marchant
Rob Moore
Khalid Saleh
Edward Steed
Alex Wood
David Yeates e European Studio
(Martin, David, Jon, Jez, Gareth, Mark e Michelle)

Por fim, um agradecimento especial a Simon Astridge, que ajudou na organização e nas pesquisas necessárias para o livro, a Brian Morris, Caroline Walmsley e Lucy Bryan, da AVA Publishing, que deram apoio ao livro durante toda sua evolução, e a Jane Harper, pelo maravilhoso projeto gráfico desta obra.